U0533437

爱你就像爱生命

王小波 著

北京出版集团
北京十月文艺出版社

新经典文化股份有限公司
www.readinglife.com
出 品

目录

致李银河

诗人之爱　　　　　　　　　　　　　3
最初的呼唤　　　　　　　　　　　　5
爱你就像爱生命　　　　　　　　　　22
痛悔　　　　　　　　　　　　　　　25
真正的婚姻全是在天上缔结的　　　　27
请你不要吃我,我给你唱一支好听的歌　29
孤独的灵魂多么寂寞啊　　　　　　　32
我是一只骆驼　　　　　　　　　　　35
我对好多人怀有最深的感情,尤其是对你　39
吾友李银河　　　　　　　　　　　　42
我现在想认真了　　　　　　　　　　44
假如你愿意,你就恋爱吧　　　　　　47

美好的时光	49
去上大学	51
人为什么活着	53
你和我是很不同的人	56
孤独是丑的	58
我要你，和我有宿缘的人	59
没有你的生活	60
我就要放个震动北京城的大炮仗	62
目空一切的那种爱	64
爱情真美	66
我厌恶模式化的生活	68
我在家里爱你爱得要命	71

我好像害了牙痛	72
夏天好吗	74
他们的教条比斑马的还多	76
假如我像但丁或彼得拉那样口齿不灵	77
哑巴爱	79
写在五线谱上的信	81
我怕世俗那一套怕得要死	83
爱情会妨碍我们两个吗	84
用你的火来燃烧我	85
你孤独了	86
我心里充满柔情	87
我们的幸福呵,让它再浓烈些,再浓烈些吧	89

我们可以拥有什么样的生活	90
爱可以把一切都容下	93
你的爱多么美	95
心里不安	96
我记仇了	97
你是多么傻呀	99
我们不要大人	100
爱情是一种宿命的东西	103
爱也许是神秘的想象力的发作	106
我们创了纪录	108
永远"相思"你	109
我们凭什么	112

我愿做你的菩提树	114
自从我认识了你,所有的人都黯然失色	116
我最近很堕落	117
你知道你有多好吗	119
以后不写就不跟你好了	121
"多产的作家"	122
上帝救救她吧	123
你也这样想我吗	124
爱情,爱情,灿烂如云	125
静下来想你,觉得一切都美好得不可思议	127
我面对的是怎样一颗心呵	129
爱情从来不说对不起	130

致其他人

致刘晓阳	*133*
致许倬云	*186*
致赵洁平	*187*
致陈少平	*189*
致艾晓明	*192*
致魏心宏	*199*
致杨长征	*200*
致曲小燕	*201*
致刘怀昭	*204*
致沈昌文	*206*
致高王凌	*207*
致柯云路	*210*

致李银河

诗人之爱

　　我和你分别以后才明白，原来我对你爱恋的过程全是在分别中完成的。就是说，每一次见面之后，你给我的印象都使我在余下的日子里用我这愚笨的头脑里可能想到的一切称呼来呼唤你。比方说，这一次我就老想到：爱，爱呵。你不要见怪：爱，就是你啊。

　　你不在我眼前时，我面前就好像是一个雾沉沉、阴暗的海，我知道你在前边的一个岛上，我就喊："爱！爱呵！"好像听见了你的回答："爱。"

　　以前骑士们在交战之前要呼喊自己的战号。我既然是愁容骑士，哪能没有战号呢。我就傻气地喊一声："爱，爱呵。"你喜欢傻气的人吗？我喜欢你爱我又喜欢我呢。

　　你知道吗，郊外的一条大路认得我呢。有时候，天蓝得发暗，天上的云彩白得好像一个个凸出来的拳头。那时候这条路上就走来一个虎头虎脑、傻乎乎的孩子，他长得就像我给你那张相片上一样。后来又走过来一个又黑又瘦的少年。后来又走过来一个又高又瘦又丑的家伙,涣散得要命,出奇地喜欢幻想。后来,再过几十年,他就永远不会走上这条路了。你喜欢他的故事吗?

最初的呼唤[1]

一

你好哇，李银河。你走了以后我每天都感到很闷，就像堂吉诃德一样，每天想念托波索的达辛尼亚。请你千万不要以为我拿达辛尼亚来打什么比方。我要是开你的玩笑天理不容。我只是说我自己现在好像那一位害了相思病的愁容骑士。你记得塞万提斯是怎么描写那位老先生在黑山里吃苦吧？那你就知道我现在有多么可笑了。

我现在已经养成了一种习惯，就是每三二天就要找你说几句不想对别人说的话。当然还有更多的话没有说出口来，但是只要我把它带到了你面前，我走开时自己就满意了，这些念头就不再折磨我了。这是很难理解的，是吧？把自己都把握不定的想法说给别人是折磨人，可是不说我又非常闷。

我想，我现在应该前进了。将来某一个时候我要来试试创造

---

[1] 这些书信写于1978年李银河去南方开会期间，当时李银河在《光明日报》报社当编辑，王小波在西城区某街道工厂当工人。——编注（下文若无说明均为编注）

一点美好的东西。我要把所有的道路全试遍,直到你说"算了吧,王先生,你不成"为止。我自觉很有希望,因为认识了你,我太应该有一点长进了。

我发觉我是一个坏小子,你爸爸说得一点也不错。可是我现在不坏了,我有了良心。我的良心就是你。真的。

你劝我的话我记住了。我将来一定把我的本心拿给你看。为什么是将来呢?啊,将来的我比现在好,这一点我已经有了把握。你不要逼我把我的坏处告诉你。请你原谅了这一点男子汉的虚荣心吧。我会在暗地里把坏处去掉。我要自我完善起来。为了你我要成为完人。

现在杭州天气恐怕不是太宜人。我祝你在"天堂"里愉快。请原谅我的字实在不能写得再好了。

王小波　5月20日

二

你好哇,李银河。今天我诌了一首歪诗。我把它献给你。这样的歪诗实在拿不出手送人,我都有点不好意思了。

　　今天我感到非常烦闷

我想念你

我想起夜幕降临的时候

和你踏着星光走去

想起了灯光照着树叶的时候

踏着婆娑的灯影走去

想起了欲语又塞的时候

和你在一起

你是我的战友

因此我想念你

当我跨过沉沦的一切

向着永恒开战的时候

你是我的军旗

过去和你在一块的时候我很麻木。我有点两重人格，冷漠都是表面上的，嬉皮也是表面上的。承认了这个非常不好意思。内里呢，很幼稚和傻气。啊哈，我想起来你从来也不把你写的诗拿给我看。你也有双重人格呢。萧伯纳的剧本《劈克梅梁》里有一段精彩的对话把这个问题说得很清楚：

息金斯：杜特立尔，你是坏蛋还是傻瓜？

杜特立尔：两样都有点，老爷。但凡人都是两样有一点。

当然你是两样一点也没有。我承认我两样都有一点:除去坏蛋,就成了有一点善良的傻瓜;除去傻瓜,就成了愤世嫉俗、嘴皮子伤人的坏蛋。对你我当傻瓜好了。祝你这一天过得顺利。

王小波　21 日

三

你好哇李银河。今天又写信给你。我一点也不知道你在干什么,所以就不能谈论你的工作。那么怎么办呢?还是来谈论我自己。这太乏味了。我自觉有点厚颜,一点也听不见你的回答,坐在这里唠叨。

今天我想,我应该爱别人,不然我就毁了。家兄告诉我,说我写的东西里,每一个人都长了一双魔鬼的眼睛。就像《肖像》里形容那一位画家给教堂画的画的评语一样的无情。我想了想,事情恐怕就是这样。我呀,坚信每一个人看到的世界都不该是眼前的世界。眼前的世界无非是些吃喝拉撒睡,难道这就够了吗?还有,我看见有人在制造一些污辱人们智慧的粗糙东西就愤怒,看见人们在鼓吹动物性的狂欢就要发狂。比方说,我看见有人描写两个女人在海边洗澡(心旌摇摇,一本正经的),什么"……坟起,玉体皎白",好像除了这个什么也不知道,我就气得不得了,暗暗骂一声:闭嘴吧!我总以为,有过雨果的博爱、萧伯纳的智慧,罗曼·罗兰又把什么是美说得那么清楚,人无论如何也不应该再是愚昧的了。肉麻的东西无论如何也不应该被赞美了。人们没有一点深沉的智慧无论如何也不成了。你相信吗?什么样的灵魂就要什么样的养料。……没有像样的精神生活就没有一代英俊的新人。

出于这种信念,我非常憎恨那些浅薄的人和自甘堕落的人,他们要把世界弄到只适合他们生存。因此我"愤懑",看不起他们,却不想这样却毒害了自己,因为人不能总为自己活着啊。我应该爱他们。人们不懂应当友爱,爱正义,爱真正美的生活,他们就是畸形的人,也不会有太崇高的智慧,我们的国家也就不会太兴盛,连一个渺小的我也在劫难逃要去做生活的奴隶。如果我不爱他们,不为他们变得美好做一点事情的话。这就是我的忏悔。你宽恕我吗我的牧师?

你没有双重人格,昨天是我恶毒地瞎猜呢。否则你从哪里来的做事的热情呢。这也算我的罪恶之一,我一并忏悔,你也一并宽恕了吧。祝你今天愉快。你明天的愉快留着我明天再祝。

王小波　22日

四

你好哇李银河。我今天又想起过去的事情。你知道我过去和你交往时最害怕的是什么？我最害怕你从鼻子里发出一声冷笑（如果这样的形容使你愤怒我立刻就收回）。我甚至怀疑这是一把印第安战斧，不知什么时候就要来砍掉我的脑袋。因为我知道我们的思想颇有差距。我们的信仰是基本一致的，但是不是一个教派。过去天主教徒也杀东正教徒，虽然他们都信基督。这件事情使我一直觉得不妙。比方说我就不以为"留痕迹"是个毕生目标。我曾经相信只要不虚度光阴，把命运赐给我的全部智力发挥到顶点，做成一件无愧于人类智慧的事情，就对得起自己，并且也是对未来的贡献。这曾经是我的信仰，和你的大不一致吧？那时候我们只有一点是一致的，就是要把生命贡献给人类的事业，绝不做生活的奴隶。

现在我很高兴地告诉你，我的信仰和你又一致了。我现在相信世界上有正义，需要人为正义斗争。我宣誓成为正义的战士。我重又把我的支点放到全人类上。你高兴吗？

总而言之，我现在决定，从现在开始，只要有一点益处的事情我都干，决不面壁苦思了。现在就从眼前做起，和你一样。我发现我以前爱唱高调偷懒，现在很惭愧。

五月二十日《人民日报》第六版登了一篇写茨威格自杀的事情的文章，与第一版黄部长的文章说的仿佛不是一码事。看来《人民日报》的编辑也是一些很有趣的人。茨威格的书我有过一本，就是杨人楩译的《罗曼·罗兰传》。杨先生把作者名译成"剌外格"，念起来好像"狼外婆"。我为这件事笑过好几天，却不想作者有这么悲惨的遭遇。这件事我很能体会。

祝你今天愉快。

王小波　23日

五

你好哇李银河。今天收到你二十五日的来信。你的祝福真使我感动，因此我想到了很多事情。你回来我讲给你听。

可是你呀！你真不该说上一大堆什么"崇敬"之类的话。真的，如果当上一个有才气的作家就使你崇敬，我情愿永世不去试一下。我的灵魂里有很多地方玩世不恭，对人傲慢无礼，但是它有一个核心，这个核心害怕黑暗，柔弱得像绵羊一样。只有顶平等的友爱才能使它得到安慰。你对我是属于这个核心的。

我想了一想：是什么使你想起哭鼻子来呢？一定是雨果所说的"幽冥"。这个"幽冥"存在于天空的极深处，也存在于人的思想的极深处，是人类智力所永远不能达到的。有人能说出幽冥里存在着什么吗？啊，有人能。那就是主观唯心主义者和基督教徒。雨果说他是深深敬畏幽冥的。我呢？我不敬畏。幽冥是幽冥，我是我。我对于人间的事倒更关心。

不过说实在的，我很佩服天文学家。他们天天沉溺在幽冥之中，却还很正常。多么大的勇气啊！简直是写小说的材料。

真的一种新学科的萌芽诞生了吗？啊，世界上还真有一些有勇气的人，他们是好孩子。我想到这些年来，人对人太不关心了。人活在世上需要什么呀？食物、空气、水和思想。人需要思想，如同需要空气和水一样。人没有能够沉醉自己最精深智力思想的对象怎么能成？没有了这个，人就要沉沦得和畜生一样了。我真希望人们在评价善恶的时候把这个也算进去呀。我想这个权利（就是思想的权利）就是天赋人权之一。不久以前有人剥夺了很多人的思想的权利。这是多么大的罪孽呀。你也看见了，多少人沉沦得和畜生一样了。到现在我还觉得，好多人只要略动脑子就自以为很了不起了。还有人只要动一动脑子就大惊小怪地自我惊叹起来。这是多么可悲，多么令人苦恼的事情呵。什么学科能评价这个呢？什么学科能够，我就衷心赞美它。

文学这个东西也很费人心力。比方说，我今天想到一件事情，我把它这样写出来："男人比女人又多了一重自由。你看有的女人为了拿出一副好看的姿势多么折磨自己呀。拐起胳膊，扭动屁股，身子扭啊扭，不光折磨了自己，把看见的人也折磨死了。"这些想法多么令人恶心。可是你要了解别人,不知道这个怎么成呢?我们要明辨是非、评价善恶,要把一切的一切拿到天平上称,多难呀。要对人和社会发一点议论就这么费劲。要是先入为主地决定了什么应该赞美、什么应该贬低就容易了。这就是写一流东西的难处。

我觉得我无权论是非,没这个勇气。我觉得你可以。你来救我的灵魂吧。

我整天在想,今天快过去吧,日子过得越快,李银河就越快回来了。你不要觉得这话肉麻,真话不肉麻。祝你愉快。

王小波　29 日

六

你好哇李银河。今天是六月一日,就是说,今天已经是六月初了。可是不知道你在哪儿。也许在归途上吧。心愿如此,阿门!

真应该在今天回想一下童年。有人说当孩子的时候最幸福,其实远非如此。如果说人在童年可以决定自己生命的前途,那么就是当孩子的时候最幸福,其实有一种我们不能左右的力量参加进来决定我们的命运,也就是说,我们被天真欺骗了。

我从童年继承下来的东西只有一件,就是对平庸生活的狂怒,一种不甘没落的决心。小时候我简直狂妄,看到庸俗的一切,我把它默默地记下来,化成了沸腾的愤怒。不管是谁把肉麻当有趣,当时我都要气得要命,心说:这是多么渺小的行为!我将来要从你们头上飞腾过去!现在这一切都已经过去。要把童年的每一瞬间都呼唤到脑海里,就是花上一个月时间也难办到了。但是这件事我还记得很清楚。我现在还是这样,只是将来不再属于我了。

你能理解我那时想的是什么吗?非常可能是不理解的。据说小时候我是一个顽劣儿童,既狂暴又怯懦。

关于"主旋律"。不知为什么我不喜欢这个词。不过可以这样说,你的主旋律我想已经有了很好的一个了,就是一个战士的主旋律,为有益的一切而战斗。还有一个光明天使的主旋律,爱护和帮助别人。这已经足够崇高了。你说的关于科学社会主义的新学科,我真不清楚它是什么,这是因为你说得不清楚,只好等你回来再谈了。不过只要它有足够多的现象可供研究,有足够多的规律可供发现,那它就可以成为学科。还有一个问题就是它合不合时宜,但是这还是次要的。

我很想把前面写的乱七八糟扯了,但是那就是对你不老实。留着你看看吧。总之,这一段时间比原来想象的苦。你就要回来了是吧?祝你愉快。

王小波　6月1日

七

你好哇李银河。我们接着来谈幽冥吧。我记得有一次我站在海边，看着海天浑为一色，到处都是蔚蓝色的广漠的一片。头上是蓝色的虚空，面前是浩荡的大海，到处看不见一个人。这时我感到了幽冥：无边无际。就连我的思想也好像在海天之间散开了，再也凝结不起来。我是非常喜欢碧色的一切的。

后来呢？后来我拍拍胸膛，心满意足地走开了。虽然我胸膛里跳着一颗血污的心脏，脑壳里是一腔白色泥浆似的脑髓（仅此而已），但是我爱我自己这一团凝结的、坚实的思想。这是我生命的支点。浩荡空虚的幽冥算什么？

接下来又要谈到把肉麻当有趣。这里有一个大矛盾。我极端地痛恨把肉麻当有趣。我有时听到收音机里放几句河南坠子，油腔滑调的不成个东西，恨不得在地上扒个坑把头埋进去。还有一次规模宏大的把肉麻当有趣，就是六八、六九年闹林彪的时候。肉麻的成分是无所不在的，就连名家的作品（如狄更斯、歌德等等）里也有一点。可是有人何等地喜欢肉麻！

肉麻是什么呢？肉麻就是人们不得不接受降低人格行为时的感觉。有人喜爱肉麻是因为什么呢？是因为他们太爱卑贱，就把肉麻当成了美。肉麻还和现在文学作品中的简单粗糙不同，它挺能吸引人呢。所谓肉麻的最好注脚就是才子佳人派小说，它就是本身不肉麻，也是迎合肉麻心理的。鲁迅是最痛恨肉麻的，我的这个思想也是从他老人家那里批发来的。

你有一次诧异我为什么痛恨激情，其实我是痛恨肉麻呀！我们是中国人，生活在北京城里，过了二十六年的平庸生活。天天有人咂着嘴赞美肉麻，你焉能不被影响？你激情澎湃的时候做出的事情，谁敢打保票不是肉麻的？

我有点害怕自己，怕我也是百分之三十的肉麻人物，所以只有头脑清醒时才敢提笔。这样是不成的。这样达不到美的高度，人家说我没有什么革命意识。说得多对呀。

你也知道了幽冥和肉麻全都不合我的心意。还有什么呢？我看我不要废话了。别人知道了要笑话的：王先生给李银河写情书，胡扯又八道，又是幽冥，又是肉麻。这不是一件太可笑的事实吗？就此打住，祝你愉快。

王小波　6月2日

你快该回来了吧！我要疯了。——又及

八

你好哇李银河。你可真有两下子，居然就不回来了。要是你去威尼斯，恐怕就永辈子见不到你了。

据说《人民日报》和贵报现在正在出乱子，看来你干的这一行是有一点风波之险，也挺有意思的。今天下午一看《解放军报》，居然套着红。恐怕是刺刀要见红。这么热闹你在杭州还待得下去？还不回来参加打？

我有点担心你锋芒太外露。这年头上战场要有点策略，打得赢就打，打不赢就装哑巴。

我今天又发现了剩余精力的规律，是关于文化生活的，可以解释现代文学的没落。大略是现代科学的发达占用了很多的剩余精力，所以现在只能有很低等的文学。这是说西方世界。中国人呢？中国人很闲散，尤其是有文化的阶层，闲散得太厉害了（这是从近代史角度上去说），所以程度不等地喜欢肉麻的东西。这也是一种对于文化的需求呢。你看，老百姓养活了他们，他们在创造粪便一样的文化！

我想，将来中国人还会有很多的剩余精力的，在这上面可以开出很美的精神生活之花。肉麻的文化只会使人堕落，粗糙的文化只能使人愚昧，这样的人盖不成精美的大厦。一个美好的社会没有美好的精神生活是不成的。西方世界慢慢地会觉醒的，从海盗海淫的文化中觉醒过来，他们的剩余精力会走上正路。东方世界我就不敢说了。总之，人们应当为自己的剩余精力建设美好的精神生活，这是物质所代替不了的。这样的文化不带一点点的肉感，只能用精神去感受，需要最崇高的智慧，这一点我已经可以断定。

至于我们呢？唉，说到我们，我叹一口气准备去睡觉了。祝你愉快！

王小波　6月3日

九

你好哇李银河：

今天还不见你出现。我脑子里出现了很多宿命论的狂想。比方说，我很想抛一个硬币来占一占你是否今天回来。这说明我开始有点失常了。

人呀，无可奈何的时候就要丑态百出。我来揣测你遇到什么了。

也许是会议整风，鸣放得太过了吧？北京来的记者也有一份，留在那里走不了。呜呜！但愿不是这样！

也许是你去游山玩水。太好了！好好地玩玩吧，我真希望你玩得好。天热吗？千万不要太热。下雨吗？千万不要下雨。下雨什么也看不清楚。刮风吗？不要乱刮大风。最好是迎面而来的洁净的风。你迎风而去，风来涤荡你的胸怀，仰望着头上的蓝天，好像走在天空的道路上。真的吗？真的是这样吗？真是这样就太好了。我要给你写诗，心里太乱写不了。俾德丽采！

俾德丽采！

在回家吗？在火车上吗？想到我了吗？别想，好好睡一觉吧。祝你心里平静而愉快。为什么没有高速火车呢？飞机！协和式飞机！我想一头穿过墙壁奔出去找你。去不了，我太无能。

飞飞飞，飞飞飞，你快飞回来。××昨天来找我，说他也不知道你的消息。这几天我干什么也静不下心来。我今年准考不上大学。前天办工业三十条学习班，我中午喝得大醉，被头当场点名，我厚着脸皮不在乎。

我发誓，你不回来我也不给你写信了。再写我就要胡说八道了。绝对不写。不写。祝你愉快！

王小波　6月5日

我没有怨恨吧？一点也没有吧。——又及

还有，我瞎扯。不是俾德丽采。那不是咒你吗？不怪我，怪但丁。打倒但丁！打倒意大利！打倒佛罗伦萨！

十

李银河，你好！

我自食其言，又来给你写信。按说世界上有很多的人。可是我今天病歪歪地躺了一天,晚上又睡不着觉,发作了一阵喋喋不休的毛病,又没有人来听我说。

我又在想,什么是文学的基本问题。今天下午三点四十五分我的答案是:人可以拥有什么样的生活。谁能对这个问题给出美妙的答案呢?当人们被污泥淹着脖子的时候?

有很多的人在从少年踏入成人的时候差了一步,于是生活中美好的一面就和他们永别了,真是可惜。在所有的好书中写得明明白白的东西,在人步入卑贱的时候就永远看不懂,永远误解了,真是可惜。在人世间有一种庸俗势力的大合唱,谁一旦对它屈服,就永远沉沦了,真是可惜。有无数为人师表的先生们在按照他们自己的模样塑造别人,真是可惜。

中国人真是可怕!有很多很多中国人活在世上什么也不干,只是在周围逡巡,发现了什么就一拥而上。比方说,刘心武写了《班主任》,写得不坏,说了一声"生活不仅如此!"就有无数的人拥了上去,连声说:"太对太对!您真了不起!您是班主任吧?啧啧,这年头孩子是太坏。"肉麻得叫人毛骨悚然。我觉得这一切真是糟透了。

人可以拥有什么样的生活呢?这问题真是深奥。我回答不上来。我知道已往的一切都已经过去。雨果博爱的暴风雨已经过去。罗曼·罗兰"爱美"的风暴已经过去。从海明威到别的人,消极的一切已经过去。海面已经平静,人们又可以安逸地生活了。小汽车。洗衣机。中国人买电视，造大衣柜，这一切和我的人格格格不入。有人学跳舞，有人在月光下散步，有人给孩子洗尿布，这一切和我格格不入。有人解释革命理想，使它更合理。这是件很好的工作。

可是我对人间的事情比较关心。人真应该是巨人。世界上人可以享有的一切和道貌岸然的先生们说的全不一样。他们全是白痴。人不可以是寄生虫，不可以是无赖。谁也不应该死乞白赖地不愿意从泥坑里站起来。

我又想起雅典人雕在石头上的胜利女神了。她扬翅高飞。胜利真是个美妙的字眼，人应该爱胜利。胜利就是幸福。我相信真是这样。祝你愉快。

王小波　6月6日

爱你就像爱生命

李银河，你好：

　　昨天晚上分手以后，我好难过。我这个大笨蛋，居然考了个恶心死活人的分数，这不是丢人的事儿吗？而且你也伤心了。所以我更伤心。

　　我感觉你有个什么决断做不出来。可能我是卑鄙无耻地胡猜，一口一个癞蛤蟆。我要是说错了你别伤心，我再来一口一个地吞回去。真的是这样的话，我来替你决断了吧。

　　你妈妈不喜欢我。你妈妈是个好人，为什么要惹她生气呢。再说，这样的事情也不是你应该遇到的。真的，你不应该遇到。还有好多的好人都不喜欢我。你为什么要遇到那么多痛苦呢！

　　还有我。我是爱你的，看见就爱上了。我爱你爱到不自私的地步。就像一个人手里一只鸽子飞走了，他从心里祝福那鸽子的飞翔。你也飞吧。我会难过，也会高兴，到底会怎么样我也不知道。

　　我来说几句让你生气的话，你就会讨厌我了。小布尔乔亚的臭话！你已经二十六七岁了。不能再和一个骆驼在一起。既然如此，干脆不要竹篮打水的好。

你别为我担心。我遇到过好多让我难过的事情。十六岁的时候，有一天晚上大家都睡了，我从蚊帐里钻出来，用钢笔在月光下的一面镜子上写诗，写了趁墨水不干又涂了，然后又写，直到涂得镜子全变蓝了……那时满肚子的少年豪气全变成辛酸泪了。我都不能不用这种轻佻的语气把它写出来，不然我又要哭。这些事情你能体会吗？"只有歌要美，美却不要歌。"以后我就知道这是殉道者的道路了。至于赶潮流赶时髦，我还能学会吗？真成了出卖灵魂了。我遇到过这种事情。可是，当时我还没今天难过呢。越悲怆的时候我越想嬉皮。

这些事情都让它过去吧。你别哭。真的，要是哭过以后你就好过了你就哭吧，但是我希望你别哭。王先生十之八九是个废物。来，咱们俩一块来骂他：去他的！

我会不爱你吗？不爱你？不会。爱你就像爱生命。算了。不胡扯。

有一个老头来找我，劝我去写什么胶东抗日的事儿，他有素材。我会爱写这个？你要是不愿拉吹，我就去干这个。总之，我不能让你受拖累了。

我爱你爱得要命，真的。你一希望我什么我就要发狂。我是一个坏人吗？要不要我去改过自新？

算了，我后面写的全不算数，你想想前边的吧。早点答复我。我这一回字写得太坏，是在楼顶阳台上写的。

　　还有，不管你怎么想，以后我们还是朋友，何必反目呢。

王小波　星期五

痛悔

银河：

　　你好！昨天我写了一封卑鄙的信，你一定伤心了。我太不对了。今天我痛悔不已。

　　我怎么能背弃你呢。你是那么希望我成长起来，摆脱无所事事的软弱。我现在一步也离不开你，不然我又要不知做什么好了。

　　我很难过的是，你身边那么多人都对我反目而视。我并不太坏呀。我要向你靠拢，可是一个人的惰性不是那么好克服的。有时我要旧态复萌，然后就后悔。你想，我从前根本不以为我可以合上社会潮流的节拍，现在不是试着去做了吗？我这样的人试一试就要先碰上几鼻子灰，不是情所当然的吗？我真的决心放弃以前的一切，只要你说怎么办。你又不说。

　　我真的不知怎么才能和你亲近起来，你好像是一个可望而不可即的目标，我捉摸不透，追也追不上，就坐下哭了起来。

　　算了，不多说。我只求你告诉我，我到底能不能得到你。我还不算太笨,还能干好多事情。你告诉我怎么办吧。

王小波　星期六

真正的婚姻全是在天上缔结的

你好，李银河！

看了你的来信，我直想笑。你知道吗？别人很少能把我逗笑了，因为我很不会由衷地笑，只会嬉皮，那是很不认真的笑。这一回我真笑起来。我们厂的人还以为我接到什么通知，出了范进中举式的事故呢！

告诉你我为什么笑吧！第一，你说我长得不漂亮。这是件千真万确的事实。骆驼会好看吗？可是我一想是你一本正经地告诉我，这多有意思！

第二，你一本正经地谈起"那个"问题来了。真是好玩死了！

对了，我不能和你瞎开心，你要生气的。我和你说，你真是一个再好不过的人，我走遍世界也找不到，你太好了。

你想知道我对你的爱情是什么吗？就是从心底里喜欢你，觉得你的一举一动都很亲切，不高兴你比喜欢我更喜欢别人。你要是喜欢了别人我会哭，但是还是喜欢你。你肯用这样的爱情回报我吗？就是你高兴我也高兴，你难过时我来安慰你，还有别爱别人！可惜的是你觉得我长得难看。这怎么办？我来见你时应当怎样化装？你说吧。

至于"那件"事情，我还没有想过呢。你知道吗？我从来都不好意思想象和谁做那件事情。我也许能够做到一辈子不做它。也许不能做到。反正不能乱来的。和不喜欢我的人一起就更不好意思了。

我已经死皮赖脸到了极点，都是你招的！总之，我对你是柏拉图式的爱情。萧伯纳的名言："真正的婚姻全是在天上缔结的。"这句话是一个不到二十岁的女孩子爱上一个八十岁以上的萧非特船长时说的。这就是说，对于我，关于"那个"是一点也无关紧要。你欠不了我的情。如果有你害怕的那种情况发生，你就当是我要那样的好了。

总而言之，我和你相像的地方多得很，比你想象的要多得多。我很高兴,觉得这是一条连结我们的纽带。我再也不会猜忌什么了。你呢？

真的，只要你和我好就成了。

王小波　星期六

请你不要吃我，我给你唱一支好听的歌

银河，你好：

今天上午看到你因为我那一封卑鄙的信那么难过，我也很难过。我来向你解释这一次卑鄙的星期五事件吧！你要听吗？

你一定不知道，这一次我去考戏剧学院，文艺理论却考了一大堆东西，我心里很不了然，以为被很卑鄙地暗算了一下。那一天在你舅舅那里听他讲了一些文学，我更不高兴了。没有考上倒在其次，我感到文艺界黑暗得很，于是怏怏不乐地出来了。后来我发现你也很不高兴。当时我还安慰了你一番对吧？其实当时我的心情也很黑暗。我向你坦白，我在黑暗的心情包围之下，居然猜疑起你来了。你生气吗？是半真半假的猜疑，捕风捉影的猜疑，疑神见鬼的猜疑，情知不对又无法自制的猜疑。我很难过，又看不起自己，就写了一封信。我告诉你（虽然我很羞愧），当时我在心里千呼万唤地呼唤你，盼你给我一句人类温柔的话语。你知道我最不喜欢把自己的弱点暴露给人，我不高兴的时候就是家里人也看不出来，而且就是有时家兄看出来时，他的安慰也很使我腻味，

因为那个时候我想安静。这一次不知为什么我那么渴望你,渴望你来说一句温存的话。

后来的事情你知道。你把我说了一顿。我是躲在一个角落里,小心翼翼、鬼鬼祟祟地伸出手来,被你一说马上就恼羞成怒了。真的,是恼羞成怒。我的眼睛都气得对了起来。我觉得一句好话对你算什么?你都不肯说,非要纠缠我。于是我写了很多惹人生气的话,我还觉得你一定不很认真地看待我,于是又有很多很坏的猜想油然而生,其实那些我自己也不信呢。

后来我又接到你一封信。我高兴了,就把上一封信全忘了。

这一件事你全明白了吧。我这件事情办得坏极了。请你把它忘了吧。你把卑鄙的星期五的来信还给我吧。

我们都太羞怯太多疑了。主要是我!我现在才知道你多么像我。我真怕你从此恨我。我懊恼地往家里走,忽然想起小时候唱的一支歌来,是关于一个老太太和她的小面团。小面团唱着这么一支歌:

请你不要吃我不要吃我,
我给你唱一支好听的歌。

我把这件事告诉你了。我怎么解释呢?我不能解释。只好把这支歌唱给你听。请你不要恨我,我给你唱一支好听的歌吧。

你说我这个人还有可原谅的地方吗？我对你做了这样的坏事你还能原谅我吗？我要给你唱一支好听的歌，就是我这一次猜忌是最后的一次。我不敢怨恨你，就是你做出什么样的决定我都不怨恨。我把我整个的灵魂都给你，连同它的怪癖，耍小脾气，忽明忽暗，一千八百种坏毛病。它真讨厌，只有一点好，爱你。

你把它放在哪儿呢？放在心口温暖它呢，还是放在鞋垫里？我最希望你开放灵魂的大门把它这孤魂野鬼收容了，可是它不配。要是你我的灵魂能合成一体就好了。我最爱听你思想的脉搏，你心灵的一举一动我全喜欢。我的你一定不喜欢。所以，就要你给我一点温存，我要！（你别以为说的是那件事啊！不是。）

王小波　星期日

孤独的灵魂多么寂寞啊

银河,你好!

你的来信收到了。

我想我现在了解你了。你有一个很完美的灵魂,真像一个令人神往的锦标。对比之下我的灵魂显得有点黑暗。

我来回答你的问题吧。你已经知道我对你的爱有点自私。真的,哪一个人得到一颗明珠不希望它永远归己所有呢。我也是。我很知道你的爱情有多美好(这是人们很少能找到的啊!),我又怎能情愿失去它呢。

可是我有一个最高的准则,这也是我的秘密,我从来也不把它告诉人。就是,人是轻易不能知道自己的,因为人的感官全是向外的,比方说人能看见别人,却不能看见自己;人可以对别人有最细微的感觉,对自己就迟钝得多。自己的思想可以把握,可是产生自己思想的源泉谁能把握呢。有人可以写出极美好的小说和音乐,可是他自己何以能够写这些东西的直接原因却说不出来。人无论伟大还是卑贱,对于自己,就是最深微的"自己"却不十分了然。这个"自我"在很多人身上都沉默了。这些人也就沉默了，日复一日过着和昨日一样的生活。在另外一些人身上，它就沸腾不息，给它的主人带来无穷无尽的苦难。你说，是什么使双目失明的密尔顿苦苦地写诗呢，还不是它。你看，好多人给它许下了诺言，安德谢夫说他是个穷鬼时下定了决心，除了一颗枪子儿什么也挡不住他。可是他成了阔佬以后呢？心安理得了。

至于我呢，我情愿它永远不沉默，就是它给我带来什么苦难都成。我们都活着，将来我们都活过。我情愿它沸腾到最后一秒钟为止，我永远不希望有一天我心安理得，觉得一切都平稳了。我知道，生和死，这是人们自己的事。谁也救不了别人的灵魂，要是人人都有个不休不止的灵魂才好呢。我真希望我的灵魂像你说的，是个源泉，永远汲取不干（当然这是不可能的事）。我希望我的"自我"永远"滋滋"地响，翻腾不休，就像火炭上的一滴糖。

我真不想有一天我自己觉得我有了足够的智慧，可以够用了，足够明辨是非了。

你知道我希望人人都有自己的智慧，你也知道了我以为大家的灵魂只有自己才能救得了。所以我永远不会想把别人的灵魂据为己有。我只希望我们的灵魂可以互通，像一个两倍大的共同体。你知道吗，孤独的灵魂多么寂寞啊，人又有多少弱点啊（这是使自己哭泣的弱点）。一个像你这样的灵魂可以给人多么大的助力，给人多少温暖啊！你把你灵魂的大门开开，放我进去吧！

本着这些信念，我很希望你绝对自由，我希望你的灵魂高飞。当然，你将来爱上别人，不就说明我的灵魂暗淡了吗？除了嫉妒，不是还宣告了我完蛋了吗？到了那一刻，你怎么能要求我兴高采烈呢。谁也不会完蛋了还高唱"大海航行靠舵手"的，所以你这要求过当了呢。不过，从我这时的理智看来，那时你还是离开我好。要是到那时我变了主意，那就是我变坏了，你就丢开我好啦。

　　我只有一个要求，要是到那时我还是我，你不要拒我千里，还和我做朋友，并且还要温存一点，不要成心伤害我。

　　我不喜欢安分过什么"日子"，也不喜欢死乞白赖地搅在一起。至于结婚不结婚之类的事情我都不爱去想。世俗所谓必不可少的东西我是一件也不要的。还有那个"爱""欠情"之类，似乎无关紧要。只希望你和我好，互不猜忌，也互不称誉，安如平日，你和我说话像对自己说话一样，我和你说话也像对自己说话一样。说吧，和我好吗？

小波　星期三

我是一只骆驼

你好,银河:

    你的信我看了。

    我居然使你这么难过。我真是该死!我相信,你一定是在有些地方误解我了。

    但是也有些地方是我不好。我承认,那天晚上和你分手以后,我是有点不高兴。那是因为你说我对封建社会的江湖气有一点喜好。我当时稍微有一点觉得你说得过分了。后来我一想是有一点。你知道我这个人越讨厌什么就非把什么弄明白不可。如果我讨厌什么而不把它弄清楚,我就不明白自己为什么不喜欢它,也就不能明确地憎恨它。你现在知道我是讨厌江湖气的了吧。

    我又想到你一定很气愤地回想起我问过你"能不能论是非"。你一定以为我是想打击你一下。真的,我是无心的。不过我觉得这个解释尽管真实却不能服人,所以我请你把它当成有意的以后再原谅了我吧。你瞧,我来呼吁你的宽容。原谅了吧。

    我真的没有生什么气。不过我想你不一定相信我说的话。那么你就当我真的生了气,我现在后悔了。我请你不再把这事放在心上。你宽容吧。原谅了吧,全是我不好。

我有好多坏处。可是你知道吗?我是一只骆驼。我说过的话我是不会反悔的。你大概发现我特别迟钝,又很不会说话。可我是忠诚的啊。我怎么能使你相信呢?我难道会为了一点口舌之争就生起气来,就是你那么难过也无动于衷吗?我是那么坏吗?难道甚至是你(甚至不是别人而是你)有一点使我不愉快,我就非得报之以颜色吗?我是这么一个卑鄙的小人还不够,还敢身为这样一个卑鄙的小人又来和你拉钩吗?① 假定我是如此之坏,如此之不要脸,还敢对你存什么非分之想,那么天就该在我头上塌下来,地就该在我脚下裂开来。

只有一点我不敢请求你原谅。你怀疑我有点新旧社会不分。我发誓你说的有道理。不过这个问题上我也不是那么坏的。我有点理想主义,希望人们过更美好的生活。可是在旧社会谁有存那么一丁点这种希望吗?现在可以存这个希望了。我发了狂一样地希望这个希望实现,所以出言不逊,胡说八道。可是这一切俱因为有这个基础啊!我怎么能够使你相信这一点呢?你相信了没有?

还有,你说我们比人民群众幸福吗?我们喜欢阳春白雪,他们喜欢下里巴人,阳春白雪比下里巴人好不好?我真愿意他们有

---

① 二人结识之初,曾拉钩相约,即使不能做夫妻,也要做终身的朋友。——李银河注

他们需要的一切下里巴人，可是我明知享受阳春白雪比下里巴人幸福，我为什么不希望他们能享有最高的幸福呢？他们只配知道肉麻不配知道美吗？就因为他们不知道美就要否认美存在，让整个人类都很悲惨地失去这个吗？我要是相信未来，我就只能把一切真正美好的东西当成全人类的财富，正因为很多人享受不了这个我才觉得他们可怜，我才难过呢。你想，他们的不幸正是我们的卑鄙，假如我们不为他们做点什么的话。因为我们是青年，应该负最重的担子。这不是你的意见吗？我已经决心这样做了。你不要责备我了。我已经决心这样做了。

我发誓什么柔道哇，什么发明啊，全是我写着玩的。你不知道我爱开玩笑？至于理想的女性，除了你还有谁？我又不是女的，我根本不会创造理想女性的形象。有什么能比自然已经创造的真实好呢。我顶讨厌野驴疯狗式的女人。真的。我怎么才能使你相信呢？

你知道我在世界上最珍视的东西吗？那就是我自己的性格，也就是我自己思想的自由。在这个问题上我都放下刀枪了——也就是说，听任你的改造和影响。你为什么还要计较我一两次无心的过失对你的伤害呢？宽恕吧！原谅吧！我是粗心的人，别和我计较。

对了，我猜你是觉得我是小心眼的人。我是骆驼，傻呵呵的。你要和我计较我只有发疯。别计较，别。

我去山里你生气吗？你要是不高兴我立刻就回来。给木城涧矿干军台坑八二〇王小平转王小波写信。①

　　我的字又写得很不好。

王小波　7月9日夜

---

① 当时王小波在他哥哥的山中住处准备高考。——李银河注

我对好多人怀有最深的感情，尤其是对你

银河，你好：

两个星期没给你写信，提起笔来不知写些什么。我总不能像你在我面前我和你说话一样地写，因为想象中的你是不会说话，也不会笑的。

我想起你因为我那一天说了一些粗话生气了。我向你忏悔，我是经常说粗话的，因为我周围的工人们都说，而且我也是一个工人。我们说的有时不堪入耳，但是心里只把它当些有趣的话哈哈大笑一场。我多一半是一个粗人。我和他们在一起时我也不能是其他的样子。我有什么道理装模作样吗？

我的罪过主要是不应当在那里胡说，这真是不可原谅的。我悔罪，再也不说了。坚决不说了。你千万不要以为这些粗话在我的内心世界里也占什么地位，它是一件外衣。

我又想起你说的你和××的争吵。照我说是你的不对。什么两党制，它的现状我们是不知道的，我们不应当老是谈论一些我们不了解的东西。假如我记得不错，关于"两支桨"的比喻是《读

者文摘》上一栏极不正经的小笑话,你何必认真地去对待它呢。

我现在一点也打不起精神去干点什么,尤其是正经不起来。我哥哥说我也许会什么事情也做不好,因为我是"像猪一样懒"。他是个信口雌黄的家伙,不过他说得也许有点道理,总之他说得我灰心丧气。

告诉你,我是最容易灰心的了,一点小事情会使我三个月什么也不写,只在心里反复说:"你是个普通人,傻瓜!"

我真不知力量从哪里来。我想,你知道,就是不告诉我。你呀,你准是不相信我是个好人,以为我会嘲笑你。我真的是个好人,我对好多人怀有最深的感情,尤其是对你。我很想为别人做好事,尤其是对你。我真想把我能做出的一切好事全献给你呢。

我现在正在看《大卫·科波菲尔》,真是好书。我现在看得进这样的书了。他们对人们怀有多深的情感啊!现代作家们对别人永远不及对自己的八分之一关心。我因为这个恨他们。他们写自己的满腹委屈,写自己的无所事事,这怎么可以呢?人不能不爱别人啊。

我也坏得很,我总用最刻薄的眼光看人。你千万不要原谅我这个。你要是爱我就别原谅我这个。顺便问你一句,你爱我吗?你要教我好,教我去爱大家。你答应吗?

还有,我最不喜欢以为我有什么权利替别人明辨是非了,这一点你一定很恨我。他们总说大家应当这样好、那样好,我总是听着要打瞌睡。××说现在一切是非都是已定的，我也不信。我相信像你这样的人在做大好事，这样的好事做多了，是非自会分清。总之，空论是非很可笑，不论是非有点冥顽不灵（这句话说得很混，你姑且容之），最正确的就是你。正是你在准备做好事。要是世界好了起来可不是别人的功劳，是像你这样的人的功劳。

　　我又瞎说了一通，千万不要有什么话又惹你生气。你生了气就哭，我一看见你哭就目瞪口呆，就像一个小孩子做了坏事在未受责备之前目瞪口呆一样，所以什么事你先别哭，先来责备我，好吗？

小波　8月22日

吾友李银河

银河,你好!

没有马上给你写回信,我以为星期天就能见到你呢!

见到你的信以后,没有你预想的那么难过。不过也有一点丧气。你知道,人不是每天都能遇上一个可以理解自己又可以信赖的人的,有时我谁也不信赖,对谁都嘻嘻哈哈。要是有好多好多的人和我们一样有多好!我们在一起有什么事情办不成呢。所以我觉得你十分可贵。当然这是我这么想。

你说我逼你了,这可叫我十分难过。我是那么混吗?我当然是十分爱你,这个爱情我是永不收回的,直到世界末日。不过,你是非常可爱的人,真应该遇到最好的人,我也真希望我就是。不过用你作镜子照照内心,我有一点自惭形秽。所以难怪你不大信任我。我希望明天一早也变成光明天使,也飞到天上去。可惜这件事不容易。在这件事实现之前,咱们还和现在一样好吗?

我知道你也感到我和你不是完全一样的人。真的,我也不敢隐瞒。你是个信仰坚定的人,一个战士。其实我对未来、对你信仰的一切也有信心，而且我也认为不能信别的，这是中国人民惟一的希望。我就是还有一点，我还希望明白什么是世界上最美最好的东西，我这样的人能做到的东西里什么是最美最好的。我要把它找到，献给别人。这是一个狂妄的野心，我现在也怀疑这样的事是不是能办到。我真希望变成和你一样的人，和你在一起。可是你不让！许可我吧，这样我就永远和你在一起了。咱们千万别分手，我害怕这个。一想到有这样的可能我就吓坏了。

我又想起契诃夫小说里有一对情人，男的管女的叫小耗子，耗子的爱情准是唧唧歪歪的。这种爱情真见鬼。我就不会像耗子一样爱人。我顶多能当个骆驼。你呀，就是"吾友李银河"。你愿意吗？

小波 8月28日

我现在想认真了[1]

银河，你好：

想你了，跟你胡扯一通。我这样的喋喋不休可能会招你讨厌。

告诉你，我有一种喜欢胡扯的天性。其实呢，我对什么事都最认真了。什么事情我都不容许它带有半点儿戏的性质，可惜我们这里很多事情全带有儿戏的性质。我坚信人是从爬行动物进化来的，因为有好多好多的人身上带有爬行动物那种低等、迟钝的特性。他们办起事情来简直要把人气疯。真的，我不骗你！早几年我已经气疯一百多次了，那时候从学校到舞台到处不都是儿戏？那时候的宣传、运动不是把大家当大头傻子吗？后来我对这些事情都不加评论、不置一辞，只报之以哈哈大笑。后来我养成一种习惯，遇到任何事情先用鼻子闻一下，闻出一丁点儿戏的气味就狂笑起来。真的，我说实话，你别生气。我以为凡把文学当成沽名钓利手段的全是儿戏，连××也曾被我暗笑了好几回呢。我不瞒你，你也别怪我。我原准备到处哈哈大笑，连自己在内，笑到

---

[1] 此信至《目空一切的那种爱》写于1978年。

寿终正寝之时。可是我现在想认真了，因为你是个认真的人。有时我又想嘲笑自己，因为你连爱我都不肯说。你别说我逼你呀，不管你说不说我全要认真了。

我见了你就想说实话，胡说八道的兴致一点都没了。刚才还说要和你胡扯一通呢。

说真的，你是不是因为我不会对你唧唧歪歪或者对我唧唧歪歪不出来才讨厌我？说真的，我绝对对你唧唧歪歪不出来。也许和别人我会唧唧歪歪起来的（因为这事我没遇上过，只能说"也许"），不过你要对我唧唧歪歪起来我要难过一点，然后也唧唧歪歪起来。这可是我真正的胡说八道。我猜你是个真正的"男子汉"，和你在一起多高兴，高兴是因为大家都在路上，不是在一个洞里唧唧歪歪。为什么在洞里要唧唧歪歪呢？因为希望除了对方世界上什么也不存在了，或者还有大衣柜和一头沉，孩子！！！为什么在路上就高兴呢？因为活了还要死，两个人在一起不孤单。还要走好长的路呢，走长路两个人好。还要做好多事呢。我疯了吧，和你胡扯一通，下一次见了我你可别抡起鞋底子来打我。和你说什么呢？你爱哭，说错了你就哭。其实你没说爱我。就是说，不爱我。说起这个我有点丧气。现在我要吹口哨。不逼你。

对了，"白莲教"我又写了一点，我真想撕了它，因为我在那里嘻嘻哈哈。还有一些写在本里了，本上还有好多白纸呢，撕下来给你本上就要掉片儿了，我妈又要和我没死没活地吵架，说我糟蹋东西。其实本是我买的,再说我不糟蹋本干什么去。所以要看你就来。我把写在纸上的带给你。我又丢了你的《文汇报》,我是一个大坏蛋。今天的信里胡说居多,你烧了它。以后少写信多见面好不好?写信我爱瞎说,见面就敬重了。我愿意敬重你,再说我的字写得多寒碜哪!再见!

王小波　8月30日

说实话,爱你爱得要命。你要是讨厌这句话就从这儿撕。你爱不爱另论。

假如你愿意，你就恋爱吧

银河，你好：

　　看了你的信，你为什么把你自己说得那么坏，把我说得那么好呢？你真傻，那不是事实啊。

　　我知道你因为什么事情在难过。我猜得出来。怎么办呢？这么办吧。假如你愿意，你就恋爱吧，爱我。恋爱可以把什么问题都解决了的。恋爱要结婚就结婚，不要结婚就再恋爱，一直恋到十七八年都好啊，而且更好呢。如果你不要恋爱，那我还是愁容骑士。如果你想喜欢别人，我还是你的朋友。你不能和我心灵相通，却和爱的人心灵不通吧？我们不能捉弄别人的，是吧？所以我就要退后一步了。不过我总觉得你应该是爱我的。这是我瞎猜。不过我总觉得我猜得有道理，因为什么都不是爱的对手，除了爱。

　　还有你和我谈的对党的感情问题。你是个好女孩，可是你还不懂男人呢。我怎么能没感情呢，不过要我用这个感情跳出个忠字舞，就是杀了我也跳不出，就是拿出来喊成个口号也不成。就好像我弟弟，我平时净和人们说他坏处（从小就说），可是过去常因为他和人家打架。就好像我妈妈，我们哥几个有时当面讥评她，可是她和我们都知道，我们都把她当个好妈妈。我们都认为，什么感情要是可以随时表演给人看的必定是肉麻的。你要问我它是什么样的，我哪知道它是什么样的。你们一定知道，因为你们情感细腻啊。你要问我，我都不知从何说起，只好瞪大眼睛傻乎乎地说："有哇，我担保，有。"

还有我也不太容易被人影响，起码不像你想象的那么容易。我们是比较不进油盐的人。你来影响当然不同了，爱情是助渗剂。

祝你好。

小波　9月4日

美好的时光

银河，你好！

　　从上次给你写信到现在已经有一个星期了。这么说，我是太懒了。

　　真的，说真的，咱们见了面为什么老进行一些严肃沉闷的谈话啊？我发觉我已经很少像前几年那样，有时整天欢天喜地了。也许是我已经过了欢乐的年龄，这可真使我惋惜。我有时想起过去读过的书无限神往，可惜再到手里就不再觉得它有意思了。我现在想起泰戈尔的抒情诗集就有这么一种感觉。所以希望你找到它看一看，希望你看了它高兴。总之，手里有本好书在读的日子就像是节日一样，是不是？

　　下次见了你把"海明威"还你，劝你不要看。我哥哥、弟弟，所有看了它的人都气疯了。因为它不算一本书。你还有什么好书，拿给我看看。

　　昨天在黄昏的水面上我很高兴，可惜咱们马上要像傻子一样地往回赶。我有好久没有遇上那么美好的时光了。

咱们不要惹你妈妈生气,所以不能常常在外面待得太晚。总之,我只好等时间来解决问题。我猜老人家心里给你选了更好的人呢。不知道他是谁,不过他一定也是好人。

　　星期三晚上,我和平常一样,在平常的地点平常的时间等你。

小波　9月11日

去上大学

银河，你好：

今天我们去上学。早上起来到学校的路上，自行车多得好像蚂蚁搬家。我原来不知道有那么多人早上要到郊外去。告诉你，真是一幅蔚为壮观的景象。

人大徒有大学之名，校舍可怜得要命。总共只有三十个教室，比一个中学一点也不多。我们所谓的入学教育就包括系里的头头领着大家到外面，指着被二炮霸占的教学楼进行传统教育。没有一个教师讲话时不提起被霸占的"南方四岛"，就是学校的南半部。

学校的食堂在一个角落里，离我们上学的地方有十五分钟的路程。中午吃饭时骑车的抢先赶到，把菜吃个精光。后来的排起长龙等炒菜。×××迟到一步，只好望队兴叹，后来他跑到外边下饭馆去了。

我发现这么来回跑，人大的学生里早晚会有被汽车撞死的，但愿不是我。（你看到这里千万说一声阿门。）他妈的，要是这路上的九十分钟省下来和你待在一起多好。

你可以写一封信给"中国人民大学贸易经济系"我收,我把收到的情况告诉你。要是这样可靠而且便捷,就这么办。

总之,很爱你,好银河。别嫌我啊。别嫌我没时间啊。

小波　10月23日

人为什么活着

银河,你好!

我在家里给你写信。你问我人为什么活着,我哪能知道啊?我又不是牧师。释迦牟尼为了解决这个问题出了家,结果得到的结论是人活着为了涅槃,就是死。这简直近乎开玩笑了。

不过活着总得死,这一点是不错的,我有时对这一点也很不满意呢。还有人活着有时候有点闷,这也是很不愉快的。过去我想,人活着都得为别人,为别人才能使自己得到超生。那时大家都这么想吧?结果大家都不近人情得残酷,都走上宗教的道路了呢。我们经过了那个时代了吧,把生活都变成一个连绵不断的宗教仪式了呢。后来我见过活着全然为自己的人,他们是真正的唯物主义者,把自己当成物质,需要的东西也是物质,所以就分不出有什么区别。比方说,物质生活就是生活本身吗?有人分不出来。

总之,我认为人不应当忽视自己,生活就是自己啊。总要无愧于自己才好。比方说我要无愧于自己就要好好地爱你才对。也不能让人家来造自己,谁要来造我我都不干。有人要我们这样要我们那样，我们就不知道什么是生活本身了。过去我们在顶礼膜拜中度过光阴的时候，我们知道什么是生活吗？现在我们在一片拜物声中过的是什么日子啊。我自己过去和现在都很不好。不过我现要爱你，我觉得我很对，你也觉得我很对，别人与此有何相干。

我这么说你恐怕要怕我了。我一点也不可怕。不管你是谁，是神仙也好，是伟人也好，请你来共享我们的爱情。这不屈辱谁，不屈辱你。

我不喜欢稀里糊涂地过日子。我妈妈有时说：真奇怪啊，我们稀里糊涂地就过来了。他们真的是这样。我们的生活就是我们本身。我们本身不傻，也不斤斤计较大衣柜一头沉。干吗要求我们有什么外在的样子，比方说，规规矩矩，和某些人一样等等。有时候我真想叉着腰骂：滚你的，什么样子！真的，我们的生活是一些给人看的仪式吗？或者叫人安分守己。不知什么叫"分"，假如人活到世上之前"分"都叫人安排好了，不如再死回去的好。

我有时对自己挺没信心的，尤其是你来问我。我生怕你发现我是个白痴呢。不过你也该知道，我也肯为别人牺牲，也接受一切人们的共同行动，也尽义务，只要是为大家好；却不肯为了仪式去牺牲、共同行动、尽义务，顶多敷衍一下。别人也许就为这个说我坏吧？我很爱开发智力，我怪吗？不怪吧。我还爱一个美的世界，美是为人的幸福才存在的。我也不肯因为什么仪式性的东西去写什么，唱什么，画什么，顶多敷衍它一下。

总之，我是这样。为了大家好，还为了我自己好，才能正经做事。为了什么仪式，为了看起来挺对路，我就混它。我决不为了仪式爱你，我是正经爱你呢。我一正经起来，就觉得自己不坏，生活也真不坏。真的，也许不坏？我觉得信心就在这里。

我对自己有点信心。我爱你呢，爱你！

小波　10月29日夜

你和我是很不同的人

银河，你好！

　　看了你二日的信，我很喜欢你的看法。不过还有一点我不能同意你，你不生气吧？我要说的是：只要我们真正相爱，哪怕只有一天、一个小时，我们就不应该再有一刀两断的日子。也许你会在将来不爱我，也许你要离开我，但是我永远对你负有责任（我也希望你也负起这个责任），就是你的一切苦难就永远是我的。社会的力量是很大的吧？什么排山倒海的力量也止不住两个相爱过的人的互助。我觉得我爱了你了，从此以后，不管什么时候我都不能对你无动于衷。我可不能赞成爱里面一点责任没有。我当然反对它成为一种枷锁，我也不能同意它是一场宴会。我以为它该是终身不能忘却的。比如说，将来你不爱我了，那你就离开我，可是别忘了它。这是不该忘记的东西。

　　有时我有点担心你和我是很不同的人。我正是为这一点爱你，可是我怕你会为这一点不爱我。你呀，你是一个热情的人，你很热。我恐怕我有点温。我不经常大喜，几乎不会狂喜。你欣喜若狂的时候，也许我只会点头微笑。不，我说这个你也许不会懂呢。我带有一点宿命的情调。我一丁点也不迷信，只不过有一点该死的这种情调罢了。所以我对你的爱不太像火，倒像烧红的石头呢。不过我太喜欢你了，太想爱护你了。你不知道我呢。我爱谁就觉得谁就是我本人，你能自由也就是我自由。不过我可不高兴你把我全忘了。这件事你可不能干。

下星期日我们到郊外去吧，去看看我的精神巢穴。在那儿你就知道我是一个什么样的穴居野人了。

说真的，我喜欢你的热情，你可以温暖我。我很讨厌我自己不温不凉的思虑过度，也许我是个坏人，不过我只要你吻我一下就会变好呢。

小波　11月5日

孤独是丑的

银河，你好！

你给我带来一个多么美好的东西，就是说，一个多么好的夜晚！想你，想着呢。

你呀，又勾起我想起好多事情。我们生活的支点是什么？就是我们自己。自己要一个绝对美好的不同凡响的生活，一个绝对美好的不同凡响的意义。你让我想起光辉、希望、醉人的美好。今生今世永远爱美，爱迷人的美。任何不能令人满意的东西，不值得我们屈尊。

我不要孤独，孤独是丑的，令人作呕的，灰色的。我要和你相通，共存，还有你的温暖，都是最迷人的啊！可惜我不漂亮。可是我诚心诚意呢，好吗我？我会爱，入迷，微笑，陶醉。好吗我？

你真可爱，让人爱得要命。你一来，我就决心正经地、不是马虎地生活下去，哪怕要费心费力呢，哪怕我去牺牲呢。说傻话不解决问题。我知道为什么要爱，你也知道为什么了吧？我爱，好好爱，你也一样吧。（不一样也不要紧，别害怕，我不是大老虎。）

小波　12月1日晚

我要你，和我有宿缘的人

银河，你好：

　　上次给你写的信忘了发了，你别生气，我以为已经发了呢，结果还在我这儿。所以我还要给你写。

　　不知道你在干什么呢。我给你写信时又想抽烟。你知道一种习惯要是有了十年真不好克服。真的，我告诉你，我老是对自己做过的不满意。我们这种人的归宿不是在人们已知的领域里找得到的，是吗？谁也不能使我们满意，谁也不能使我们幸福，只有自己做出非凡的努力。还有我要你，和我有宿缘的人。不知为什么，我认定除了它，只有你是我真正要的。除了你们，对什么我都睁一只眼闭一只眼。真的，我要好好爱你，好好地。不一定要你爱我，但是我爱你，这是我的命运。

　　你看了《狐狸的故事》吗？伴奏的音乐是摇滚乐啊！就是硬壳虫音乐。我做梦也想不到呢。也许是有人胆子大，也许是大官们老杆的听不出来。总之，一件有趣的事。

小波　12月2日晚
（恐怕要3日发了）

没有你的生活

银河,你好!

我收到你的信了。可是我仍然闷闷不乐,只有等你回来我才高兴呢。[①]

你可要我告诉你我过的是什么生活?可以告诉你,过的是没有你的生活。这种生活可真难挨。北京天气很冷,有时候天阴沉沉的,好像要开始一场政治说教,可真叫人腻歪。有时我沮丧得直想睡觉去。说实在的,我没有像堂吉诃德一样用甜甜的相思来度过时间,我没有,我的时间全在沮丧中度过。我很想你。

我好像在挨牙痛,有一种抑郁的心情我总不能驱散它。我很想用一长串排比句来说明我多么想要你。可是排比句是头脑浅薄的人所好,我不用这种东西,这种形式的东西我讨厌。我不用任何形式,我也不喜欢形容词。可以肯定说,我喜欢你,想你,要你。

总之,爱人和被人爱都是无限的。

你走了以后我写了几页最糟糕、顶顶要不得的东西,我真想

[①] 1978年冬我在外地调查。——李银河注

烧了它。快考试了，没有时间再写啦。我写一个女孩子爱上一个男孩子之后想到："我要和他一起深入这个天地，一去再也不回来。"我总也写不好爱情，什么热烈和温情也到不了我的笔端，我实在是低能透啦。我觉得爱情里有无限多的喜悦，它使人在生命的道路上步伐坚定。

　　告诉你，我现在都嫉妒起别人的爱情来啦。我看到别人急急忙忙回家去找谁，或者看到别人在一起，心里就有一种不快，好像我被人遗弃了一样。吁，我好孤单！

我就要放个震动北京城的大炮仗

银河,你好!

我现在忙着应付期中考试和等你回来。你在外面过得好吗?我梦见过你几次了。

北京好冷啊,还是南方暖和吧?我有点羡慕候鸟的生活:到了冬天就和你一起飞到南方去,飞到南太平洋的小岛上去。

我要是个作曲家,我现在的心境作起《葬礼进行曲》来才叫才思不绝呢。我整天哭丧着脸。

你要是回来我就高兴了,马上我就要放个震动北京城的大炮仗。

今天上课我听老师说,无锡是全中国农村收入最高的地方。哼,你们可算找了个好地方呢。小楼和雕花大床看见了不少吧?我猜你们到河南就该看见些不妙的事情了。

终有一天中国会在农村人口的大海里沉下去。现在有些青年有点冲动,就像沉船上的耗子,渴望变革,也是为了救自己和救大家。头头们很怒,希望大家在一艘沉船上做忠于职守的水手。唉,忠于职守也得淹死。人家说中国的生态平衡已经被彻底打乱,总有一天水里没有鱼烧饭没有柴土地全部盐碱化地上人揲人。总得有个变革才好。

银河,我猜这一切要到我们死后才发生呢。银河,我爱你。我们来过快乐的生活吧!银河,快回来。

目空一切的那种爱

银河，你好！

你星期六就要回来了吧？那么说，只差两天了。啊，我盼望了好久了！

你的信真好玩，你把所有的英文词都写错了。Bye-bye, fool，都不对，只有"党员"写对了，这件事儿真有趣。

银河，我离党的要求越来越远啦。真的，我简直成了个社会生活中的叛逆。怎么说呢？我越来越认为，平庸的生活、为社会扮演角色，把人都榨干了。我们做的每一件事都是尽义务，我们自己的价值标准也是被规定了的。做人的乐趣不是太可怜了吗？难怪有人情愿做一只疯狗呢。

最可憎的是人就此沉入一种麻木状态。既然你要做的一切都是别人做过一千万次的，那么这事还不令人作呕吗？比方说你我是二十六岁的男女，按照社会的需要二十六岁的男女应当如何如何，于是我们照此做去，一丝不苟。那么我们做人又有什么趣味？好像舔一只几千万人舔过的盘子，想想都令人作呕。

我现在一拿笔就想写人们的相爱——目空一切的那种相爱。可以说这样爱是反社会的。奥威尔说得不错，可是他的直觉有误，错到性欲上去了。总的来说，相爱是人的"本身"的行为，我们只能从相爱上看出人们的本色，其他的都沉入一片灰蒙蒙。也许是因为我太低能，所以看不到。也许有一天我会明白人需要什么，也就是撇开灰色的社会生活（倒霉的机械重复，乏味透顶的干巴巴的人的干涉），也撇开对于神圣的虔诚，人能给自己建立什么生活。如果人到了不受限制的情境，一点也不考虑人们怎么看自己，你看看他能有多疯吧。我猜人能做到欢乐之极，这也看人的才能大小。出于爱，人能干出透顶美好的事情，比木木痴痴的人胜过一万倍。

我一想到你要回来就可高兴啦，我想你想得要命。现在可该结束了，就要和你在一起了。

我好久不写小说了，要考试呢。再说，我觉得这样危险——应当努力搞好斗批改，反对资产阶级思想。再这样下去要成了体系了，还不该枪毙？写得又很坏，没有才能——能力退化。全世界除了你没有一个人说好。

爱你。小波

不写信了，等你回来和你说。

爱情真美 [1]

银河,你好!

我又来对你瞎扯一通了。我这么胡说八道你生气了吗?可是我真爱你,只要你乐意听,我就老说个不停,像不像个傻子?

真的,我那么爱你,你是个可爱的女孩子。男孩子们都喜欢女孩子,可是谁也没有我喜欢你这么厉害。我现在就很高兴,因为你又好又喜欢我,希望我高兴,有什么事情也喜欢说给我听。我和你就好像两个小孩子,围着一个神秘的果酱罐,一点一点地尝它,看看里面有多少甜。你干过偷果酱这样的事儿吗?我就干过,我猜你一定从来没干过,因为你乖。

只有一件事情不好。你见过我小时候的相片了吧?过去我就是他,现在我不是他了,将来势必变成老头。这就不好了。要是你爱我,老和我好,变成老头我也不怕。咱们先来吃果酱吧,吃完了两个人就更好了,好到难舍难分,一起去见鬼去。你怕吗?我就不怕,见鬼就见鬼。我和你好。

---

[1] 此信至《哑巴爱》写于1979年。

今天我累死啦！烦死啦！我整天在洗试管，洗烧杯，洗漏斗，洗该死的坛坛罐罐。我顶腻的就是这个，可是该死的老师还说洗得不干净，又重洗。他们还说，洗不干净试验做不成就是不及格，这可把我吓坏了。洗完我垂头丧气，好像做贼被抓一样不痛快。我多倒霉，上这个劳什子大学。更倒霉的是星期天和你出去又碰上了哭丧脸天气。我更倒霉的是一星期只能见你一次，其他时间只能和我不爱见的人在一起。

昨天我看见了好多情侣，我觉得很喜欢那些人。过去我在马路边看见别人依依不舍就觉得肉麻，现在我忏悔。居然我能到了敢在大街上接吻的地步，我很自豪。

爱情真美，倒霉的是咱们老不能爱个够。真不知我过去作过什么孽遭此重罚，因而连累了你。

真希望下个星期日早来，并且那一天春光明媚。

小波　3月5日

我厌恶模式化的生活

银河,你好!

看了你的信。你呀,总是疑神见鬼的。甚至连太熟悉都害怕。有什么可怕呢?连我瞎编的故事都能让你不高兴,那我以后不讲故事给你听了。你知道故事千万不能是我们都熟悉的,要是那样就太没意思了。

后来你的那封信还挺有意思的。不过你的比拟太让我伤心:什么丧失了名誉的卡杰琳娜呀,马格特啊。你瞧,她们多么狭隘。你说,她们是不是除生活本身什么都没有的人?我总觉得她们不是太可钦佩的人。当然我很明白你的意思,你说得很对。我很知道摆在一个女孩子面前的道路忧患重重。我决不肯因为我的缘故使谁陷入可悲的境地,再说我自己对那种生活丝毫也没兴趣。

我知道你说的是要从那个可怕的、已经模式化的生活泥坑里爬出来,在那里人们的生殖细胞给他们造成无穷的灾难。本来年轻人生就的飞毛腿是可以从上面跑过去的,不幸那些细胞给他们坠上几块大石头。总之,社会是不喜欢飞毛腿的,鬼知道他们要干什么。陷在坑里的要老实多了——不过你要知道为什么人要心甘情愿地把自己坠下去，这就是因为没什么好干的，给自己揽一桩活。我是绝对不爱这桩活的，我嫌它太脏，尽管我自己也不太爱干净。不过我觉得仅此还不够，要是光有这个不就成了无所事事的嬉皮士了？当然我什么人物也不是，那么我宁可当个嬉皮士，总之做好的圈套我是不跳的，我还有这一分狡猾。

我喜欢你不爱跳这个陷阱，这样你就和我相似了。不过还干什么呢？我有点希望你有事业。别当一个飞毛腿。不过你要当一个飞毛腿我也要当，我有点相信我能追上你。不过这样不如有桩别的事情干好。我还见过别的人声称两个人合搞什么事业，结果是搞到一起，劣根性上来了，于是滚到一个坑里去了。这是一种灾难，是不是？

对了，要说模式化的生活，我可真腻味它。见也见烦了，且不说它的苦处。中国人说苦处也就是乐处，这就可以说明有人为什么爱吃臭豆腐：他们都能从臭里体验出香来。这可以说明懒于改造世界的人多么勤于改造自己。我发誓：在改造自己以适应于社会之前非先明辨是非不可，虽然我不以为自己有资格可以为别人明辨是非。当然我净在胡扯，不过你总抱怨我不肯给你写。你知道写多了就不准是要紧的话，多写无非是可以让你解闷。我相信你不会怪我没正经。真的我爱你，我们不能老在一起说大道理，我们写着玩儿好吗？

接着说下去。人们懒于改造世界必然勤于改造自己,懒于改造生产方式,对了,懒于进行思想劳动必然勤于体力劳动,懒于创造性的思想活动必然勤于死记硬背,比方说,吃臭豆腐、大寨、大庆的齐莉莉。中国人对它们以及她诸多赞美正是香臭不知。比方说你我,决不该为了中国人改造自己,否则太糊涂。比方说中国孩子太多,生孩子极吃苦头,但是人们为什么非生不可呢?我猜是因为:一、大家都生,二、怕老了,三、现在不生以后生不了。

关于第一点我们已经知道很荒唐。那么为什么怕老了呢?老了头脑发木,要是有孩子的精神力量来激发一下未必没有好处,不过那对孩子有什么好处吗?将来也不会有什么法律不准老人与年轻人往来。我顶顶喜欢的是自理生活,理成一塌糊涂也罢,万万不能有人来伺候,因为那样双方都很卑鄙。如果我将来老了退化得很卑鄙,那么现在的我绝不对将来的我负责。这样我就驳倒了前两项。如果我很相信我的反驳正确,第三项就不存在了。

可是我很喜欢你,爱你。男孩子只能爱女孩子,可这不是因为——该死,生殖细胞,而是因为她可爱,有很多非爱不可的地方。比方说你对于我,主要是因为你可爱。我从来没有在任何男人或女人中发现这么可爱的人。先写到这儿。

我在家里爱你爱得要命

银河，你好！

　　星期五收到你的来信，今天才回信。我实在是太不地道了。

　　我们昨天考外语来着，顶糟的是我又生了病，我在实验室里一时发昏用移液管吹了氨溶液呛了一下，第二天就咳起来，还发一点烧。我这两天没抽烟。考试大概要不及格呢。

　　这两天我觉得极没劲，老想怪叫一声，好像疯子一样。今天我生日，徒长一岁何乐之有？何况你又不在。你一定要打听一下到怀柔的路怎么走，我好在下个礼拜天去找你。[①]

　　怀柔真的那么好吗？看起来你有点乐而忘返呢。昨天冷得很，我猜那里更甚。昨天我冻着了。你为什么只带那么少的衣服呢？我估计你够呛，但还不要紧的。

　　你好好用功吧，要是四十天真能学好日语那可太妙了。祝你成功。

　　我在家里爱你爱得要命。再有十三天你就该回来了。

小波　5月13日

[①] 1979年我在北京怀柔学习日语，当时王小波在上大学。——李银河注

我好像害了牙痛

银河，你好！

我昨天给你写了一封信，后来又发现有不便邮寄的地方，我就把它团了。你回来我们再谈吧。

我告诉你我的生日是怎么度过的吧。我那天孤单极啦，差一点喝了敌敌畏。我心里很不受用，寂寞得好像大马路上的一棵歪脖子树。后来我和一个同学去喝了一点酒，以纪念我们赴云南十周年。好多不幸的回忆全回到我胸间，差一点把我噎死。晚上失眠得厉害，差一点想到怀柔去找你。我猜咱们俩有点"脑场"相互作用，我这几天学习效果极坏，显得十足低能，甚至想这一切有什么用？！但愿你别和我一样。总之，我的情绪特别低落，特别需要你。

听说你要调成我可特别高兴，这真是好消息。① 我想起一句至理名言：闭起嘴被人当成傻瓜胜于张开嘴消除一切疑虑。就算世界上的人都认为你是傻瓜，反正我是不会的，我爱你。

---

① 那年我从国务院研究室调到中国社会科学院。——李银河注

我想到你就要回来，我特别高兴。我等得要暴跳起来了啊！我可不是愁容骑士，我一点也不会相思，叹息，吟诗，唱小夜曲。我只会像一头笼子里的狼一样焦急地走来走去，好像害了牙痛。天哪，这可一点诗意也没有。

　　你就要回来了，这一点太让我高兴了。咱们应当在一起，否则就太伤天害理啦。我可再没心思写散文诗了。你可知道这几天我顶顶难过？你好像随着时间的推移越来越近，这就使我越来越想采取一些行动加快这个过程。我顶受不了傻等了。

　　你要是回来了就马上来找我好吗？快快地。我爱你，爱得要命极啦。

小波　5月20日

夏天好吗

银河，你好！

　　我在这里想你想得要命，你想我了吗？我觉得我们在一起过的这几天好得要命，就是可惜你老有事，星期天我又像个中了风的大胖子一样躺下了，这真不好，扫了你的兴。

　　我喜欢夏天，夏天晚上睡得晚，可以和你在一起，只要你不腻的话。我真希望你快点回来。等我考完了试，你又调成了工作，咱们就可以高兴地多在一起待一会儿，不必像过去一样啦！过去像什么呢？我就像一个小鬼，等着机会溜进深宅大院去幽会，你就像个大家闺秀被管得死死的——我是说你老在坐机关。你可别说我拉你后腿呀！咱们一定要学会在一起用功，像两个毛主席的好孩子。我们院过去有一个刷厕所的老头，有一天他问我厕所刷得白不白，我说白，他就说我是毛主席的好孩子，现在我还是呢。

　　说真的，希望你把日语学得棒棒的，你好好用功吧，我不打搅你。真的，你觉得我们在一起过得还好吗？夏天好吗？

麦子熟了，
天天都很热。
等到明天一早，
我就去收割。
我的爱情也成熟了，
很热的是我的心，
但愿你，亲爱的，
就是收割的人！

这诗怎么样？喜欢吗？猜得出是谁的诗吗？是个匈牙利人写的呢。还有一首译得很糟：

爱神，你干吗在这里，一手拿一只沙漏计时？
怎么，轻浮的神，你用两种方法计时？
这只慢的给分处两地的爱人们计时，
另一只漏得快的给相聚一地的爱人们计时。

这诗油腔滑调的不成个样子对不对？俗得好像姚文元写的呢。这可是诗哲歌德所作，亵渎不得。唉，说什么也是白搭，我还是耐心等你回来吧！

小波　5月27日

他们的教条比斑马的还多

银河,你好!

给你写信。我在家里闷得很。不知你日语说得怎么样了。我衷心希望你回来时日语变得特别棒,和日本人一样,那时我就叫你李一郎。

我想起你近来遇到的事情就愤怒。……我说你的文章不过刮了他们的毛。真的你可别生气。你说社会封建主义还不太对题呢。咱们国家某些教条主义已经到了几乎无可救药的地步,从脑袋到下水全是教条,无可更改的教条,除了火葬场谁也活不了。他们的教条比斑马的还多,……你呀,就成全了他们吧。怎么能想象教条主义者没有教条?他们全仗着教条支撑,性命系之。……

夏天来啦!你回来时我们去玩吧。

假如我像但丁或彼得拉那样口齿不灵

银河,你好!

收到你的信了。知道你过得还好,我挺高兴。

我可是六神不安的,盼着你能早回来。你们到底几号能回来呢?到底是十六号呢还是二十号?我以为这挺重要。过去我特别喜欢星期天,现在可是不喜欢了。

我在《德国诗选》里又发现一首好诗:

> 他爱在黑暗中漫游,黝黑的树荫
> 重重的树荫会冷却他的梦影。
> 可是他的心里却燃烧着一种愿望,
> 渴慕光明!渴慕光明!使他痛苦异常。
> 他不知道,在他头上,碧空晴朗,
> 充满了纯洁的银色的星光。

我特别喜欢这一首。也许我们能够发现星光灿烂,就在我们中间。我尤其喜欢"银色的星光"。多么好，而且容易联想到你的名字。你的名字美极了。真的，单单你的名字就够我爱一世的了。

  我觉得我笨嘴笨舌不会讨你喜欢。就像马雅可夫斯基说的："假如我像但丁或彼得拉那样口齿不灵！"真的，如果我像但丁或者彼得拉，我和你单独在一起、悄悄在一起时，我就在你耳边，悄悄地念一首充满韵律的诗，好像你的名字一样充满星光的诗。要不就说一个梦，一个星光下的梦，一个美好的故事。可惜我说不好。我太笨啦！真的，我太不会讨你喜欢啦！我一定还要学会这个。我能行吗？也就是说，你对我有信心吗？我写的信好像污水坑上的箅子，乱死了。说真的，你说我前边说的重要吗？

小波　6月6日

哑巴爱

银河，你好！

你为什么不肯给我写信哪？难道非等接到我的信才肯写信吗？那样就要等一个星期才能有一封信，你不觉得太长了吗？

我猜这封信到你手里恐怕要等不到你回信你就回来了。所以我也不能写些别的了。只能写爱你爱你爱你。你不在我多难过，好像旗杆上吊死的一只猫。猫在爱的时候怪叫，讨厌死啦！可是猫不管情人在哪儿都能找到她。但是如果被吊死在旗杆上它就不能了。我就像它。

我现在感到一种凄惨的情绪，非马上找到你不可，否则就要哭一场才痛快。你为什么不来呢？我现在爱你爱得要发狂。我简直说不出什么有意思的话，只是直着嗓子哀鸣。人干吗要说咱们整天待在一起不可思议？如果一天有四十八个小时，我恨不得四十九小时和你待在一块呢！告诉你，我现在的感觉就像得不到你的爱，就像一个刚刚懂事的孩子那种说不出口的哑巴爱一样，成天傻想。喂，你干什么呢？你回来时我准比上次还爱你呢。

我知道你害怕浪费时间。其实这不浪费。疯爱才不浪费时间呢，疯完了去干事儿，那才有效率呢。总比坐在这儿傻想、不振作好得多。我知道你就不大想我，就是在一起的时候，你也会为浪费时间追悔。当然你也觉得幸福，不过你挺沉得住气。你还能这么想，老这样不成，学业都荒废了。

不过我认为你爱我和我爱你一边深，不然我的深从哪儿来呢？只不过我没出息，见不到你就难受极啦。

所以，希望你快回来，回来快来找我，早一分钟都好得不得了。

祝
好！
此致
敬礼！
我爱你。

小波　6月9日

写在五线谱上的信

银河,

你好!做梦也想不到我把信写到五线谱上吧?五线谱是偶然来的。你也是偶然来的。不过我给你的信值得写在五线谱里呢。但愿我和你,是一支唱不完的歌。

谁也管不住我爱你,真的,谁管谁就真傻,我和你谁都管不住呢。你别怕,真的你谁也不要怕,最亲爱的,好银河。要爱就爱个够吧,世界上没有比爱情更好的东西了。爱一回就够了,可以死了。什么也不需要了。这话傻不傻?我觉得我的话不能孤孤单单地写在这里,你要把你的信写在空白的地方。这可不是海誓山盟。海誓山盟是把现在的东西固定住,两个人都成了活化石。我们用不着它。我们要爱情长久。真的,它要长久我们就老在一块,不分开。你明白吗?你,你,真的,和你在一起就只知道有你了,没有我,有你,多快活!

我现在一想起有人写的爱情小说就觉得可怕极了。我决心不写爱情了。你看过缪塞的《提香的儿子》吗?提香的儿子给爱人画了一幅肖像，以后终身不作画了，他把画笔献给了爱了。他做得对。噢，真的，我们为什么不早认识？那样我们到现在就已经爱了好多年。多么可惜啊！爱才没够呢。

傻子才以为过家家是爱情呢,世俗的心理真可怕。不听他们的，不听。不管天翻地覆也好，昏天黑地也好，我们到一起来寻找安谧。我觉得我提起笔来冥想的时候，还有坐在你面前的时候，都到了人所不知的世界。世界没有这个哪成呢？过去是没有它就活得没意思，现在没有你也没意思。再也不想骗你了，不过你星期三一定要来。

（星期一夜）

我怕世俗那一套怕得要死

小波，

　　让我们爱个够，爱个够！但愿我和你是一支唱不完的歌！我看过一百本小说，也许还要多，但是这句话是我生平所见过的最美的一句。你的心是多么美呵，太美了。你给我带来了多么巨大的快乐和幸福。你为什么不写爱情呢？人生的全部的美都在这里呢，不写它写什么呢？爱把我们平淡的日子变成节日，把我们黯淡的生活照亮了，使它的颜色变得鲜明，使它的味道从一杯清淡的果汁变成浓烈的美酒。我们不该感谢它吗？不该为它歌唱吗？你这把钥匙就是开我这把锁的（或者反过来说）。我怕世俗那一套怕得要死，你比我一点不差。那就让我们一起远远地躲开它们，逃遁到我们那美好的、人所不知的世界里去吧。找我们的幸福，找我们的快乐，找我们灵魂的安谧，找我们生命的归宿。我们一起去找，找它一辈子，对吗？

星期四夜

爱情会妨碍我们两个吗

银河,你好!

今天你就要来了吧?我等得太久了。

我很想天天看见你。真的,我们为什么不敢到一起来呢?我会妨碍你吗?你会妨碍我吗?爱情会妨碍我们两个吗?我们都不是神,不过这个问题我们一定能解决。只管爱吧好银河,什么事也不会有。

只要我们能在一起,我们什么都能找到。也许缺乏勇气是到达美好境界的障碍。你看我是多么适合你的人。我的勇气和你的勇气加起来,对付这个世界总够了吧?要无忧无虑地去抒情,去歌舞狂欢,去向世界发出我们的声音,我一个人是不敢的,我怕人家说我疯。有了你我就敢。只要有你一个,就不孤独!

你真好,我真爱你。可惜我不是诗人,说不出再动人一点的话了。

用你的火来燃烧我

小波,你好!

  我今天晚上难过极了,想哭,也不知是为什么,我常有这种不正常的心情,觉得异常的孤独。生活也许在沸腾着,翻着泡沫,但我却忽然觉得我完全在它之外,我真羡慕那些无忧无虑的从不停歇地干下去、干下去的人。这个时候,就是谁也不能安慰我,也许连你也不能。就像那首诗说的,像在雾中一样。我可能有一个致命的缺点,生命力还不够强。我的灵魂缺燃料,她有时虽然能迸出火花但是不能总是熊熊地燃烧。你的生命力比我强,我觉得你总是那么兴致勃勃的,就像居里说的,像一个飞转的陀螺。你该用你的速度来带动我,用你的火来燃烧我,用你欢快的浪花把我从死水潭里带走。你会这样做吗,会吗?你一定会的。你应该这样做呀!为什么不给我打电话?难道你的热情已经过去了?

星期五晚

你孤独了

银河,你好!

你那天是多么悲伤啊,为什么我不在你身边呢?你孤独了,孤独就是黑暗,黑暗中的寂寞,多么让人害怕啊。

你害怕雾吗?有一首诗,叫《雾中散步》。雾中散步,真正奇妙。谁都会有片刻的恍惚,觉得一切都走到了终结,也许再不能走下去了。其实我们的大限还远远没到呢。在大限到来之前,我们要把一切都做好,包括爱。这也是很重要的呀!爱你,真爱!

我老把和你在一起的时间当节日来度过,我看你也是。其实这也不对。我们应当把我们的生活交织起来。不光有节日,还有艰苦的工作日。你说对吗?也许我是胡说。

你真坏,又说我热情过去了。

小波 星期一

我心里充满柔情

小波,你好。

  我那天一定使你十分失望,因为我说到生活有时没意思。这不是我这么大年龄的人应有的想法,但是我的确是这样想了。我常常觉得我的生命中缺乏一种深厚的动力。有时我可以十分努力,但动力往往是好胜心或虚荣心,比如:别人能做到的为什么我做不到?愿意听人称赞等等。在一切顺利的时候,那动力就消失了。唉,我真是毫无办法。

  我有时十分向往着美,一支美丽的曲子,一幅美丽的画。那天我无意中看到一本摄影集,全是美国的旷野、森林和小溪。我简直着了迷。我想象着咱们两人坐在那水边的石头上,旁边是一棵巨大的红枫,寂静,清新的空气,我好像真的呼吸到带着甜味的空气。唉,那里是多么美呵。陶醉,生命最美妙的一瞬就是陶醉。是吗?

  十分想念你。非常非常想。回忆着上次见面,我心里充满柔情。呵,我们的节日。

关于活力，我给你抄一段话看："在物质的固有的特性中，运动是第一个特性，而且是最重要的特性，这里所说的运动不仅仅是机械的和数学的运动，而且主要是物质的动力，生命力，张力，或者用雅格布·伯麦的术语来说，物质的'Qual'（痛苦）。"注：Qual 是哲学上的双关语，按字面意思是苦闷，是一种促使采取某种行动的痛苦。（恩格斯）

生命力，张力，苦闷，促使采取行动的痛苦，这是物质所固有的。人是物质，所以有这种痛苦，对吗？愿我们的生命力永远旺盛，愿这永恒的痛苦常常来到我们心中，永远燃烧我们，刺痛我们。

我们的幸福呵,让它再浓烈些,再浓烈些吧

小波,你好:

你是我的天堂,可我是你的地狱。我给你带来了太多的痛苦和烦恼。我们的爱情虽然很甜,但也有太多的苦味。这都怪我,都怪我。我有时十分痛恨自己,觉得我是一个坏人。昨天你说,我们两个都是好人,是特别好的人,真是这样吗?有时我觉得我自己真不怎么样,真坏。你来救我吧,你是我的天使,你总是把最美好的感情给我,你真好。我愿意要,我永远要不够,因为我常常觉得自己是很贫乏的,有时甚至很空虚。记得你也说过:我要。那么我也给,我也愿意给呵!我们的幸福呵,让它再浓烈些,再浓烈些吧!

我们常常把事情弄得太沉重了,咱们该轻松些,咱们应该像一对疯子那样歌舞狂欢,对吗?生活本来是很美好、很美好的呵!

我们可以拥有什么样的生活

小波：

　　你好。

　　我们能够幸福吗？能吗？这问题常常烦扰着我。你昨天的话使我似乎放心了。你是又聪明、又真挚的。你总是能为我们找到出路。但愿你永远能成功。

　　我抄给你一月八日的日记，那是我满怀着热望和一颗跳动的心，但是发现你竟没给我写，我看着自己那些热情的话像一张树叶扔在水面上并没有激起什么波纹，觉得羞耻，觉得自尊心受到损害时写的。

　　"我感到一阵失望，他这是怎么回事？难道他对我所有的也仅仅是那种动物式的感情？我真的爱他吗？我为什么那么容易动摇？我的心像一头不安的小鹿，总要跑掉，任何一点刺激，任何一点过失、松懈，都会使它脱缰而去，这怎么行呢？这样我们能够幸福吗？我应该告诉他。"

　　如果我伤了你的心，请你原谅我，因为我们过去说过，要把心中发生的一切告诉对方。否则，它就会变成一种潜伏的危机。

　　自从初恋之后，我好像违反一般规律地反而不懂得什么是爱了。你昨天说，要，就是爱。我相信你的话。我是一个内心时常会感到孤独的人，虽然我和朋友、家人亲密无间，但我仍旧常常感到可怕的孤独。我并不自命不凡，就像你也并不自命不凡一样。我也并不是很难了解的人。但是我觉得真正懂得我的只有你。我愿意爸爸妈妈都高兴，都满意，但是他们不高兴不满意我也会不顾一切的。我是一个自由人，谁也管不着。只要我们能够幸福。而这一点恰恰是我最担心的，我们能吗？能吗？我常常这样问自己。你那么热烈地爱我，想我，我也特别愿意投合你，满足你。我觉得能给你带来快乐，因为我你能快乐，这是我最高兴的事，也是引以为自豪自慰的。一个给别人带来快乐的人是幸福的，你知道吗？我还常常想，为了你我想变得美一些，我希望你爱我的全部肉体，我愿意它因为你而变得美。我甚至问你喜欢不喜欢香味。我愿意变成你所希望的样子，希望给你一切。你懂得我说的话吗？我好像是在胡说八道，说胡话。我也希望你变得美，你知道吗？我做梦还梦见你变得很美呢。

　　我们可以拥有什么样的生活？对了，你说你和××他们都不是一路人，这我也有感觉，我喜欢的也许就是这个，我从那么多人里一下子就把你和他们区别开来（用我妈妈的话说：一头就扎在……）也许就因为这个呢。但是我不是觉得什么一路不一路，我觉得质量不同。如果说他们的心是黄铜（或银子），那么你是金子。你不应该把自己和他们相提并论。有时，对自己的才能不自觉、羞怯，会毁了自己、糟蹋了自己的。但是我觉得你不是很勤奋，韧性不太够，不知说得对不对。

你也希望变成我所希望的样子吗？你愿意吗？你是不爱改造的，我也不愿改造你，但是我希望你怎样，有时会告诉你的，你愿意听吗？

银河　1.9夜

爱可以把一切都容下

银河，你好！

你责备我了。我觉得我近来是有点不像话，不过我总觉得是因为我忙。现在我知道我有点不好了。不，是有点坏。

不过你的责备也过重。真的，过重！你以后会知道的。为什么怀疑我？你不应该。从来我都是这样，有时候大大咧咧，有时候马马虎虎，不过你要因为这个否定我，我可就太冤了！不要"难道"！你说的事情根本没有。也许你在日记里都把我说成是个山羊了。

别怀疑我们会不会幸福。我来告诉你吧：我爱你爱得要命。我有时想起你就不能自已地狂喜，因为你是那样一个人。你也许不知人和人是多么不同：我哥哥说他是对一切充满了智慧的体系，不管是哲学体系还是数学，哪怕它已经过时，只要它深刻、周密，他对它们全有一种审美式的爱好。我也有一点。我也爱一切人类想出来的美好的东西，它们就像天外来客一样突然来到人间，有时候来龙去脉丝毫也没有呢。没有它们我们就太苦了。

可是你最可爱。我想过的东西你想都不想，可是你从本性里爱美，不想就知道。你心里还有很多感情的波澜，你呀，就像波涛上的一只白帆船。波涛下面是个谜，这个谜就是女性。我很爱这些！不管你是哭是笑我全喜欢你。

有时候你难过了，这时候我更爱你。只要你不拒绝我就拥抱你，我会告诉你这是因为什么。就是我不知是为了什么。我会告诉你爱，爱可以把一切都容下。如果我的爱不能容下整个的你，算个什么爱！也许你的爱也能容下整个的我吧？不管怎么说，你要我的爱就够了。

小波　10日

你的爱多么美

小波,

　　你好。

　　中国的春天来了。最近社会科学院要办一个刊物《中国社会科学》,听说要调李一哲等一大批年轻人,这多令人感到鼓舞呵。中国解放的步子终于迈起来了。你可以好好写、放开写了,再也不用去写那种像受了阉割一样的×××式的东西了,不用担心碰壁了。我们所热爱的一切美好的东西可以告诉人们了。

　　你的爱多么美,多么好。山羊是什么意思,我不懂,你不要说我不懂的话。你说对别的女孩是了解了以后就不喜欢了,我对别的男孩也是这样的。他们没有意思,很快就见了底,可你却不,因为你的心底有一个泉,是不是?它永不枯竭,永远不。

心里不安

小波：

你好！十分想念你。会议很忙，现在每天半天开会（理论务虚会——注），半天搞简报。以后全天开会，简报全靠业余搞，更要忙得一塌糊涂。

斗争很有意思，会上气氛活跃，听起来挺有趣，不觉枯燥。但是我们怎么办呢？毫无办法。

明天你要期末考试了，我祝你考得好。

在享受着种种"特权"的时候，容易慵懒怠惰，我的感觉不好，因为过的是和人们完全不同的生活。我常常想，什么时候全体中国人都能天天有热水洗澡，不用自己做饭，晚上有两个电影看？我这又是多愁善感吧？总之，心里不安，有点六神无主的。

过节我们放假，咱们好好玩，一定去玩。

银河　1月11日

我记仇了

小波，

你好！你说文章写得不好，这是真的，我们也很不满意，可是你别忘了"新闻检查"呀！我们只能一点点前进。这不过是铺路，是给真正的好东西争取地盘。这样的东西拿出来是对不起人也对不起自己的。什么时候我们才能拿出一些无愧于人类智慧也无愧于自己的东西呢？小波，我对你寄予很大的希望，因为你身上有一种十分可贵的品质，就是"真"。用你的话讲也许是"认真"。有了这个就有可能取得真正的成绩，而不是一时的虚荣。

一想起和你共同度过的时光，我就觉得十分愉快，我们是多么谈得来呵，多么气味相投呵！你也很喜欢跟我在一起吗？我能给你带来快乐吗？你给我摘了红叶，你真好！

可是你不愿意提及我以前给你写的信，我不对吗？你对我一定很失望，很失望，是吗？你不如有什么就对我直说，不要不回答。

你有一次说，我们很不相同，你因为这不同而喜欢我，但怕我因为这个不喜欢你。我告诉你，我也是因为我们的不同才喜欢你的呀。我虽然常常从你那里听到异教邪说,但是我相信你有你的道理。比如苏联文学。我相信你是用你那一颗善感然而严格的心去体会的,你不会轻易说一个东西好,也不会在看到一个真正好的东西时说它不好。对于文学来说,还有比这真挚地体验着感受着的心更权威的评论者吗?谁被这样的心鄙视,谁活该倒霉,它不配有更好的待遇。而对那些真正美好的东西,让我们轻轻地把它们捧在心头,让它们的存在给我们带来过节一样的快乐。像海涅的诗,像塔拉斯·布尔巴,像雨果的惊心动魄的人物。

好了,不跟你说话了,我记仇了。我星期一给你写的信你都不回。我记得我在信尾说:我们要占有世界上最美好的东西,可是你不理我,你不愿意听我说话。

13 日晚 9 点

你是多么傻呀

小波：

　　今天还是骑车去上学吗？淋湿了吧？你们真是太苦了，咱们国家真是太穷了。你不会病了吧。我想这时候你又会因为鞋都湿透了冷得发抖吧。你一点也不会照顾自己。你应该带一块干毛巾，一双鞋换上。你是多么傻呀。

14 日上午

我们不要大人

小波，

　　你好呵！今天你没看成电影，运气不好。它没有改期，中午一点小强去了，你看你运气多不好。那里面的男主角虽然一生功业卓著，但是我一定受不了那样的男人，太不平等了，大男子主义，女人在他眼里根本就不是同等的人，不过是自己事业的补充和灵魂休息的地方。我们绝不是那样的，对吗？我们互相尊重、爱慕，我们的灵魂交织在一起，我们共同来感受世界上的"美"，我们互相赠予"善"，我们也给别人美和善，我们爱同类，同情他们，为他们担忧，为他们歌唱，对吗？

　　对了，那天你说人应该有一分利他主义，这个我过去没想过，确实的，说真话，你的利他主义也许比我多，也就是说你比我更好，灵魂比我更美。我是一个更利己的灵魂，不，不是利己，是自我解放的，自由的，追求着自由，永远追求自由的灵魂，为了自由，我希望能做到那一步——什么都不顾。

　　世界已经开化到什么程度了，变成什么样了？在美国，男女之间的关系极为随便，因为已经没有任何经济关系可以严格约束人们的联系，像以前几个经济形态那样。没有什么财产可继承，可遗传。劳动，挣工资，一个人在世界上生活。据说宇宙中有几十亿个有人的星球，那儿有许多比我们的智能发展得高得多的生物，能够想象吗？我们的生命的本质是什么？张朗朗写了一只土拨鼠，它锲而不舍地掘进："我要用尽所有的生命之能划出一条自身存在的曲线。似乎我没有最终的目的，可是这曲线上的每一点都有我的汗水和思维的痕迹。挖下去，永不停息。也许什么也挖不着。可是一定可以挖到我自己。在挖的过程中，我找到了自身灵魂的轨道。"我们这些人莫不就是这个土拨鼠？我们用生命划出一条自身存在的曲线。可是要这条曲线做什么用呢？我想，人在温饱之后，要追求美，另外的确要有点利他主义，不然我们怎能有生活、工作的动力？我们该对人们有大的同情和爱，不然我们怎么生活？我觉得你心里是不缺乏这种同情和爱的，你的比我的还多。你自己不止一次讲到过你的这种爱，我为这个信赖你。

噢，刚才我说爱情，有时我心里错综复杂，一会儿觉得美国人那种自由的随便的随心所欲的关系非常好，一会儿又觉得钟情的热恋始终如一好。我真不知哪种更好。看来你是后一种，你说过不赞成没有责任感。不愿我忘掉你。我不会忘掉你，永远不会，怎么可能呢？故意忘也忘不掉的。你不要怕失去我，我很愿意和你在一起，但是自由地和你在一起，你也保留你的自由权利吧。

我看报看参考，越来越感到海誓山盟的时代过去了。如果没有感情我们就分离，我坚持这一点，不过我们可以约好互相安慰的义务，即一个人虽然已经不喜欢对方，但如果对方要求安慰，那个人有义务安慰对方，使这个人的心里好受一些，你同意吗？另外，我们不要大人，你的父母和我的父母，不论现在和将来，让我们把他们抛开，我们只是两个人，不是两家人，我们是两个在宇宙中游荡的灵魂，我们不愿孤独，走到一起来，别人与我们无关，好吗？

14 日夜

爱情是一种宿命的东西

银河:

你好!我有点惭愧,把一把狗爪子字体撒在这里。

真的,我是有点懒,为什么不早给你写信呢?

你说的话是对的,但是有一点不对。为什么要看报看参考看时代呢?我觉得这些完全与我们无关。不光美国人怎么做与我们关系不大,就是中国人怎么做也不用去考虑它。你觉得什么好,那就那么办吧。我就讨厌在这个问题上参考别人。

海誓山盟,海誓山盟,这些别人的事情与我们无关。主要的是我对你的爱情。你想知道吗?这棵歪脖子树是怎么长着的。真的,我可不喜欢把它说成是花儿,这么说太大言不惭了。也许它会把我挂在上面呢。

我老觉得爱情奇怪,它是一种宿命的东西。对我来说,它的内容就是"碰上了,然后就爱上,然后一点办法也没有了"。它就是这样!爱上,还非要人家也来爱不可。否则不叫爱,要它也没有意思。海誓山盟有什么用?我要的不就是我爱了人家人家也爱我吗？我爱海誓山盟拉来的一个人吗？不呢，爱一个爱我的人，就这样。

我总觉得爱情神秘。不，我对你什么要求也没有，什么要求也没有，只要你来看我。我也不知道为什么。你愿意要什么，就给什么。你知道吗？要，对我来说，就是给啊。你要什么就是给我什么。随你吧。

我是一个很有点反常的人呢。你不知道吧，我很愿意很愿意随和你呢。你不懂吧。我早就对你说过，我很爱嘲弄人，和别人老不能真心相处。我的朋友们之间都有一点心照不宣的东西，就是别人不告诉的东西也不打听，各自保守个人秘密。只有你，我不知为什么特别愿意随你的意。对于我和你，你要什么都是好的，我再也不想出什么主意了。

还有呢，关于两家人你说得对。这才对呢。这个主意我特别喜欢。别让他们闹到我家里来，我也不到你家里去。我上次听说你家里的人要往我家里写信，把我气疯了。我心里出现了一个很恶毒的主意，就是那信来了就把它抄成大字报，请过路人评评它有什么道理。当然那是一时愤怒。

上次行了一次骗，骗你上我这儿来，恐怕再不能取信于你了。那一天特别想看见你，你要不来我就像害牙疼一样难熬呢。我一下午都在编谎，后来编了一个关于法治的所谓想法，要你来讨论。不过你来了之后我可慌了，因为我说不出个道道来。你知道吗？

我这人政治水平低，上政治课我睡得脖子都痛了。我能和你讨论什么政治吗？可是我居然能编出一些话来说，你说，这是不是我的胜利？也许是爱情的胜利？我现在沾沾自喜，告诉你也不怕，你来罚我也不怕，我太得意了。告诉你，那五页备忘录全是我星期三下午编出来的，还装着上星期就在酝酿的想法呢，还装着有所发现呢。

你要知道，有时想你想得发疯呢。我不愿意等星期天，写信也是望梅止渴，我只好骗你来了。我也不愿意上门房找你，在门房里见面，那不是探监吗？

明天又能看见你，我很高兴，这样不用骗人了。我发誓不再骗人了。不过上次在那个地方我找你找到你妈了，好似一盆冷水呢。你不知道我那天满心以为又能见到你了，结果使我觉得好似上了当，第二天打电话时心里一肚子火呢，你听出来没有？

我这屋真冷，我手虽不抖，身上抖了。不行，我得睡了，再写下去你就不认得了。

爱也许是神秘的想象力的发作

小波，

你好！你现在干什么呢？作业做完了，该看看小说了，又抽烟了吗？我看你不要"限烟"，干脆戒了吧。我听说有一个人戒烟不到一个月长了六斤体重，你信不信？别抽了。

你前边说到爱的神秘性，有时我心里很恐怖地想：爱也许是人对自己的一种欺骗，是一种奇异的想象力造出来的幻影。你的想象力强，所以总在我的周围看到一层光环，其实呢？那光芒并不存在。我怕你早晚会看到这一点，变得冷漠。爱也许就是这样一种神秘的想象力的发作，它会过去。人在最初的神秘感过去之后，会发现一个完全不同的世界，你以为神秘感会永远跟着你吗？它一旦过去，爱就会终结，是吗？多可怕。那次（初恋）我多么疯狂，我的想象力的发作把他完全变了一个样，后来那爱过去了，他失去了所有的光彩，变得多么平常，平淡无奇。最近我又有机会见到了他，我冷漠地看着他时，心里不禁对自己当初的爱十分十分地惊异，我使劲回味着当时的心情，那到底是怎么回事呢？

同一个人为什么在我心里是完全两样的？我怎么也弄不明白，那时我一听到他的声音心里就发抖，真的发抖，可现在一切都变得那么干脆，一点也不剩了。这究竟是怎么回事？谁能够解释？

昨天舒伯特音乐会听了吗？一个男声独唱那几首情歌还不错，只记得其中一首总是说"我的心，我的心"，听了吗？

我的心情十分平静、柔和，家里似乎改变了什么方针，谁都不当面追问我去哪儿了，妈妈也不那么气急败坏的了。我们手拉着手，继续往前走吧！

我们创了纪录

我的好朋友：

你好呵。这两天过得怎么样？又研究你的伦理学了吗？这一星期我们不能见面了，今晚有人找我（从山西来）。我们创了纪录——一星期不见的纪录。你感觉怎样？受得了吗？连我都快受不了了。让不断的思念把我们的火持续地烧下去吧。

银河

永远"相思"你

银河,

你好!我想我不能同意你关于爱的神秘性的解释。不对,你说得不对。

我想,人的生活其实是平淡无奇的。也许,我们都能做一次浪漫的梦是一种天赋人权吧?总之,你说是梦也好,它总是好的,比平淡无奇好得多。谁说是欺骗呢?

我天生不喜欢枯燥的一切,简直不能理解人们总爱把有趣的事情弄得干巴起来。我要活化生活,真的,活化它。要活就活一个够。干什么要把什么事情都弄到一个死气沉沉的轨道里呢,好朋友?干什么你要总结什么是爱呢?你说那些可怕的话是吓唬我吧?

我想你不会错得特别多的。就是说,也许他也曾经被爱情活化了吧?也许是后来才像大多数别人一样,沦入了死气沉沉的轨道?我这么说别人该下地狱。

你呀,你太该过一种真正幸福的生活了:一切都让它变幻无穷，不让它死气沉沉。我也许算不上一个好人，但是就是我死也要把你举高一点呢。就是你将来看我像你现在看他一样我也高兴，这说明你又长高了。说实话我对你将来如何看我一点也不在乎，总之现在我们要好，对吗？对了对了，你千万别以为我多心了，就是说有什么不光彩的联想，我是顺嘴说的。你们家不和你闹摩擦这是多么好的消息！你可以少受磨难了。我知道你是妈妈爸爸的好孩子，他们这么说你就更不该了。说实在的，我很为此不高兴呢。

我哪有工夫研究伦理学呢，作业都做不完。我发现我对付需要耐性的功课很吃力，不由得想去写小说。天！我的胡思乱想的能力都快枯竭了。

你们要写观念现代化的文章，我这会儿真的很想早点看到呢。我希望那么能把那些很不现代化的观念干掉。比方说，什么闲时吃稀忙时吃干，还要杂以饲料之类！还有好多呢，这些话全过时了，根本就不该记得它。

对了对了，还有一个现代化的观念，要我来说哇我就这么说（不过人家不会准我说）：人人家里就是要有洗衣机、电冰箱，就是要有私人汽车。总之，人家有的就是要有，肩扛人驮就是原始，原始就是可耻，这个可耻就是有多革命也是可耻。

…………

我特别相信你。世界上好人不少，不过你是最重要的一个。

你要是愿意，我就永远爱你，你要不愿意，我就永远相思。对了，永远"相思"你。

我们凭什么

小波，你好！

　　看了你的信。你是我的光明，我的快乐，我的幸福。我们谁也不会妨碍对方，只会互相带来人生最宝贵的礼物。生活是有趣的，它绝不能变得死气沉沉。你说，我们将来也会把它弄成死气沉沉的吗？我在人群中看来看去，只有你有最大的可能性使我得到永远不枯燥的生活。你天生不喜欢枯燥，我也是呀。我真是怕它怕得要命呢。你千万别说什么你的想象力要枯竭了这一类话，不，你不会，你不是要永远"滋滋作响"吗？你不是要使我们的生活变幻无穷吗？如果我们的精神枯竭了，我们的生活变得枯燥，那不如立刻去死了的好。

　　你否认爱是人的自我欺骗，你说即使是梦也是好的，那我们就一起来做梦吧。我们生活在梦中，让生活变得像梦那么美，那么变幻无穷。但是我仍要让你想一下，并且回答我：这梦真能做一辈子吗？它会不会醒？醒来又怎么办？我们凭什么比其他和我们一样的人幸福，能一辈子生活在这美好的诗一般的梦里呢？我不是跟你说着玩,我是真不知道我们凭什么,而且对于将来的变化不敢想象。

星期日夜

我愿做你的菩提树

银河,你好!

看了你的信。我来回答你的问题吧!

真的,也许梦是做不了一辈子,那就让它成为真的好了!我和你就要努力进取,永不休止。对事业是这样,对美也是这样。有限的一切都不能让人满足,向无限进军中才能让人满足。无限不可能枯燥啊,好银河。永远会有新东西在我们面前出现的。哥伦布发现了新大陆,哥白尼又发现了新宇宙,这是一条光荣的荆棘路。

美也是无穷的,可怜的就是人的生命、人的活力是有穷的。可惜我看不到无穷的一切。但是我知道它存在,我向往它。我会老也会死,势必有一天我也会衰老得无力进取的。可是我不怕。在什么事物消失之前,我们先要让它存在啊。我记得有这么一支歌:"在门前清泉旁边,有一棵菩提树,在它的树荫下面,我做过甜蜜的梦……在它的树荫下面,我做过甜蜜的梦,无论是欢乐和悲伤,我总到那里去。"我愿做你的菩提树,你也来做我的吧。

别怕美好的一切消失，咱们先来让它存在。还有一个美好的东西不会消失，就是菩提树。真希望你是我的菩提树，我愿做你的菩提树。你知道歌里是怎么唱吗？如今我远离故乡，已经有许多年，我仍然听到呼唤，到这里寻找安谧。灵魂是活生生的，它的安慰才能使人满足。

还有凭什么：凭着满心的热望，凭着活力。我不是说着玩的。

自从我认识了你，所有的人都黯然失色

小波，好朋友，你好。

　　我今天又病了，又感冒了，才好了没几天，今天我很不舒服。以后咱们真的再也不能在野外过星期天了，要不我非一星期病一次不可。

　　自从我认识了你，我觉得所有的人都黯然失色，再也没有谁比你更好了，我的菩提树！现在七点半，我忘了告诉你，以后你不应七点半给我打电话，因为我们这儿有一个男孩好像每天也是这个时候给他的女友打电话，说起来没个完。

　　"无论是欢乐和悲伤，我总到那里去。"是呵，我的心总向往你，特别是在悲伤的时候。你的心太让我感动了。真的永远有新东西在前面吗？我说过了，我的活力不够，这一点从第一天见到你时我就看出来了：你的生命的活力在吸引我，我不由自主地要到你那里去，因为你那里有生活，有创造，有不竭的火，有不尽的源泉。我们一起请求上帝，愿它永远不要枯竭吧！

星期一晚

我最近很堕落

小波：

　　看了你的小说。这个比那个写得好，觉得更亲切些。只有一处觉得不太对劲。女孩说：过奖过奖。照我的看法、感觉，女孩好像不会这样说话。我的感觉也不一定对。我觉得这是男孩的口气。

　　你说到理想主义，好呵，我们应该是这样的。我最近很堕落，很俗气，尽跟你说什么家呀，妈妈呀，你应该提醒我，不该说这些话。人要想去追求理想的生活也很不容易呢。我们应该互相鼓励，互相提醒，不要迁就，免得糟蹋了我们最宝贵的东西。写到这里我很难过，我并不是如你想的那样美好。我忽然想起最近看到的一张照片，是最近那艘大油轮触礁后污染的海面上，一只海鸟全身沾了黑色的粘稠的油，正绝望地扇着翅膀。听说这样死了很多鸟。我现在好像这只翅膀上沾上油的水鸟，在拼命挣扎，想超脱出去。让我们一起扇起翅膀飞吧！飞向我们理想的蓝天，自由自在的，不管别人是赞美也好，议论也好，嘲笑也好，我们只管向前飞。理想，呵，理想。它是什么？它在哪儿？我想一定是在天上，所以我们要使劲扇起翅膀，飞向它，对吗？不然我们就会掉下来，摔进泥沼，对吗？

  小波，你以为你找到了一个好朋友，可是你想到了吗？也许你为之要付出太多的代价，其中最主要的是：你将永远失去你的安静。我不会让你安静的，因为我是一个十分不安静的、过于敏感，甚至有点神经质的灵魂。我最害怕冷漠，哪怕有一点点，你就会失去我。我一点也受不了冷漠，真的。你能永远像现在这样热烈甚至还要超过它吗？你能永远满足我的"要"吗？你说过：要，对我来说，就是给。你能永远这样想吗？而且我还很爱妒忌，我甚至妒忌你小说里的女主角和那个被迷恋过的小女孩。我是不是很可笑？简直有点变态心理。你受得了吗？听人家说，女人的妒忌是美德，是吗？那证明我很爱你，不愿意你的感情被别的什么分去。不过你别听我的，好好写下去吧，好好写吧。

银河　28日夜

你知道你有多好吗

　　头疼，什么也干不下去，想和你说话。你知道吗？我常常想全心全意地爱上一个人，然后就把我的一切献给他。真的，我有这么一种欲望。但是有一个条件，就是这个人必须值得我爱。而你，你！我早就觉得，你这样的心灵是应该得到一切的，我的好人儿！你知道你有多好吗？你知道你自己的价值吗？就像我不知道我自己一样，你多半也不知道你自己。记得那是我们认识之初，有一次你对我说：有的人，是无价之宝。我是多么感动呵。对了，我常常这样想，谁把我放在心里的这种位置上，我才能把自己的一切给他。不能给一个不咸不淡的人，不能给一个不冷不热的人，不能给一个不死不活的人，因为他不配，他根本不配。我要爱，就要爱得热烈，爱得甜蜜，爱得永远爱不够。我凭什么要求这样的爱呢？因为我要使他得到一切，我要把我的全部身心、全部热情、全部灵魂，连带它的一切情绪、一切细微的变化、活动、感触，它的一切甜蜜、悲伤、绝望、挣扎、叹息，它的全部温柔、善良、它的全部高尚、渺小、优点、缺点都给他，还有我的愿望、幻想，一切、一切。我幸福地忆起你过去说过的：你喜欢我的心灵的一举一动。真的，你真的觉得它很有意思吗？它能给你带来快乐吗？其实它不是也很贫乏、很普通吗？唉，人生呵，人生呵。是不是有人说过：人生是宇宙的逆旅？我们走呵，走呵，不停地走，也不知要到哪儿去，去做什么。

那次你一个劲地对我说：你一点也不古板，不古板，好像是一个什么新发现似的，我心里真得意。我高兴让你发现我是一个你所希望的人，而且比你想的还要好，让你得到意外的惊喜，让你意外地感到我们是多么一致，多么和谐。我们俩就是一首和谐的唱不完的歌。什么时候我们的歌停止了，世界都会变得黯淡，没有了生气，你说是不是？那时候，世界就会像一支变了调的糟糕的曲子，你说是不是？

我可能真是病了，说了许多胡话，你可能早就不耐烦了。我不说了。今天我看到巴金写的一篇回忆文章，上边说四川人喜欢说话（他说他自己除外）。你是一半血统的四川人，所以你能写小说，能对人们滔滔不绝地讲些美妙的事情。你还问我你是不是干这个的材料呢，听听巴金的说法吧！

好了，好了，再见，明天再给你写。很想星期三去见你，但是又怕感冒不好。生老病死呵，哪一样也逃不过去。佛教的真经。

星期一夜

以后不写就不跟你好了

你好呵：

　　今天我还得提前睡觉，现在差五分十一点，别的屋子全都灯火通明，夜猫子们都在拼命用功，可是我得睡了，要不然感冒好不了。我祝你考试考得好！你就不像我，天天给你写信。现在你考试，原谅你，以后可不行。以后不写就不跟你好了。

星期二夜

"多产的作家"

小波，你好：

今天是我的连续三天紧张工作日的开始。我接到了一个紧急的任务。我的精神已处于动员状态。在这个时候，我好像忽然变得不再多愁善感，头脑也比平时清明一些。林春今天对我说，她有一种预感，说我将来会是个"多产的作家"，因为我写得快，又爱写，总看见我在写。殊不知我是在给你写信呢！她要是知道了这个……

想来你现在又在背你的英语课文吧。我真为你难过，老得受"汉译英"那种活罪。你什么时候才能出这个地狱呵？我要是俾德丽采就好了，我就把你从这儿引出来。可惜不行，还得靠你自己在那里熬炼。

星期三

上帝救救她吧

小波：

　　你真了不起，考了九十七分，在我做了几道因式分解做不出来时，就益发觉得你数学能得九十七分简直不可思议。我在最近写的一篇文章里还劝过别人要学自然科学呢，可是我自己却退化到了这种程度。

　　今天中午，我们这儿一个新来的女孩（二十五岁）抱着报纸上一篇介绍"新型"婆媳关系的文章使劲研究，并且说人家在催她结婚了，可是她不愿意，因为她的"婆家"关系十分复杂，她很害怕处不好等等。报上那篇文章则是说"媳妇"（我真恨透了这个词）如何爱干家务事，把一家大大小小、哥哥妹妹之类照顾得多么周到。我觉得真要命，真讨厌得要命。这真是亵渎。难道一切美好的诗一样的东西都非淹在这些粪便里面吗？上帝救救她吧！

　　　　　　　　　　　　　　　　　　　　　　　星期四

你也这样想我吗

小波：

　　我非常非常地想你，特别是在紧张工作的间歇。我觉得这世界上好像除了你和工作，什么都不存在了。你也这样想我吗？

爱情，爱情，灿烂如云

银河，你好！

你真好，给我写了那么多信。七封信呢。这多好哇！

冬天真可恨，把咱们弄得流离失所。让它快点过去吧！该死的天，还下起雪来了。冬天太可恨了。

春天来了就好了。春天来了咱们一起去玩去。记得老歌德的《五月之歌》吗？爱情，爱情，灿烂如云……咱们约好了吧，春天一起去玩。我不太喜欢山，我喜欢广阔的田野、树林和河。咱们一定去吧。

你说我太爱说，真的，我很有一点惭愧，我真是废话太多。不过我太爱你，我能不说吗？真的，我除了乱扯一通什么也不会，只好傻说了。我应当会写诗，写好多美丽的诗给你，可是我这笨蛋，我就不会把话说得响亮。我要是会了这个，再加上会把话说得精练，我就会写诗了。不管我本人多么平庸，我总觉得对你的爱很美。

我真喜欢你的一举一动，多愁善感也喜欢。我总觉得你的心灵里有一种稚气得让人疼爱的模样，我这么说你不生气吧？不过我不怕你生气,我也不和你见外。不管你怎么想我都这么说。我也不老成,疯起来我也和傻小子一样。只要你别趁我疯起来欺负我就成了。

你说我上学苦,真的,真苦。什么时候我们可以自由自在地爱就好了。我不爱让人知道我是怎么想的,不过我永远不怕对任何人承认我爱你。爱呀,写呀,自由自在,可以自由自在地在一起。然后就是让我再和你分开,你到红墙后面,我去上学,咱们各做各的苦工,互相思念。一年有这么一个月就好!

小波

静下来想你，觉得一切都美好得不可思议

银河，你好！

我越来越觉得冬天简直是我们的活灾星。你都不知道我多么希望你明天来看我。可是天多冷啊！路多难走哇！你怎么能来呢？千万不要来。

静下来想你，觉得一切都美好得不可思议。以前我不知道爱情这么美好。爱到深处这么美好。真不想让任何人来管我们。谁也管不着，和谁都无关。告诉你，一想到你，我这张丑脸上就泛起微笑。还有在我安静的时候，你就从我内心深处浮现，就好像阿佛罗蒂从浪花里浮现一样。你别笑，这个比喻太陈腐了，可是你也知道了吧？亲爱的，你在这里呢。

你瞧，你从我内心深处经常出现，给我带来幸福，还有什么离间得了我们？咱们可不会变成火炉边的两个傻瓜。别人也许会诧异咱们的幸福和他们的不一样，可那与我们有何相干？他们的我们不要，我们的他们也不知道。

你要我多给你写，可是我写得总不如你好，上气不接下气的。

不过上气不接下气的也不要紧,是给你的,是要你知道这颗心怎么跳。难道我还不能信赖你吗?难道对你还要像对社会一样藏起缺点抖擞精神吗?人对自己有时恍惚一点,大大咧咧,自己喜欢自己随便一点。你也对我随便好了。主要是信赖啊!将来啊,我们要是兴致都高涨就一起出去疯跑,你兴致不高就来吧:哭也好,说也好,懒也好,我都喜欢你。有时候我也会没精打采,那时候不许你欺负我!不过我反正不怕你笑话。

小波　星期二

我面对的是怎样一颗心呵

小波:

    你好!

    我今天看了一个非常可怕的故事,叫作《伤心咖啡馆之歌》,是美国的一个女作家写的。我从来没见过这么可怕、这么让人难受的东西。据说它是要说明:人的心灵是不能沟通的,人类只能生活在精神孤立的境况中。他们的生活离我们毕竟是太远了,我们从理智上也许能够理解这种东西,但是从感情上却不能,实在是不懂,太可怕了。看这种东西就像喝毒药,人会变得孤寂、冷漠。

    你为什么老说我欺负你呢?自从我生到这世界上来,我的心灵受到过很好的爱抚,后来也遭到过残酷的蹂躏,它布满伤痕,不要说欺负人,它连怎样反抗别人的欺凌还没学会呢。在学校,在兵团,我多次受过极不公平的待遇,现在想起来仍很痛苦,而且我面对的是怎样一颗心呵,是你的呵。那么善良,那么真挚。

星期一

爱情从来不说对不起

小波：你好！

　　你一定在等我吧？天气实在太冷了，我不去你不会怪我吧？本来还想从你那里回家，可是家里打电话说暖气坏了好几天，爸爸妈妈姐姐都感冒了，我也没法回去了。只好给你写信。你说得对，冬天真是我们的大灾星，要不我早就跑到你那儿去了。你不能埋怨我呀！有人说：爱情从来不说对不起，也不说谢谢，你说是吗？原因就在于信任。一般人都能做到，更何况我们呢？你我之间能够做到不后悔已经发生过的一切和不强求还没有发生的一切吗？我愿意这样。我们高高兴兴地自自然然地往前走，对吗？我们永远互相信任，永远不互相猜忌，不埋怨，好吗？但是我们互相之间有什么疑虑、不愉快、痛苦，都对对方倾诉，毫无保留，好吗？你愿意这样做吗？哪怕是厌倦、烦闷，感到平淡、无新鲜感之类也不必隐瞒，全讲出来，好吗？你愿意吗？好了，你同意了，那么我们这就来试验：你把今天晚上你的一切念头都告诉我，毫无保留地，不论什么样的，凡是在你脑子里出现过的，能做到吗？

　　　　　　　　　　　　　　　　　　　　　　银河　星期三晚

致其他人

致刘晓阳

一①

我的晓阳：

近来生了一肚子闷气，和你聊上一通。你我真是好哥们。别的朋友之间老把金贴在脸上，只有和你可以说说不顺心的事。

近来百事不如意，这几天只觉得心里不痛快，上课出神，连最简单的英语也常听不懂，什么事也不想干。你说咱们到美国来，不就是为了上学吗？上学没资助行吗？他们老美明明知道这个，偏偏和咱们过不去，嫌咱们言必提资助，这不是鸡蛋里挑骨头吗？还说什么你们的政府为什么不资助，这不是屁话吗？

实不瞒兄说，前些日子我去考了一场 GRE，得了一○六○分。当然不如老美中最高的，也还可以算个中游。我拿着这个分去问 PITT 的一个系，问问机会有多少，谁知碰上一个天杀的老美，把我挖苦了一顿，大概意思是嫌我没有申请就问机会，把那张

---

① 致刘晓阳信件一至三写于 1985 年。

驴脸一拉,说我不是要上学,而是要资助。这分明是欺负咱们没钱交学费。他还说他们系要减削,连他们同事的饭碗都保不住,没钱管 Chinese。不三不四的话说了有半个多小时,气得我脸发紫,有心回他几句,英文全气忘了。这几天看见老美就不舒服,觉得这伙人全不是好人。中国人我也看不上眼,只觉得想留下来的全是贱骨头。真想负一口气回国去,可是就这么回去没法交待。

不知为什么,吃了洋人的窝囊气,分外地不受用。又觉得中国穷,害得我们在外面灰头土脸的盖不住。要是中国有日本的财力,美国人对咱们也不敢这么放恣。

这几天 Pittsburgh 的黑人老抢中国人,我们这条街上已经有二十多个人遭了抢。这些人可能觉得中国人好欺负。我上一个课,班上有个泰国人。跟他谈起泰国拳,他说要借我拳经。等我练了泰国拳,遇上抢劫的,非打出他们屎来不可,也出出咱们这口恶气。我老婆说我思想入了邪,已然神神叨叨了。我也觉得和蛮夷生气真是犯不上,可是想不生气又不成。阳公有何高见?这会儿想起阳公,真想乘兴而去,到明尼苏达听听兄的妙语。我这个人有一点不好,爱生闷气,越想越气,又没有阿 Q 扇自己耳光的招数。要是见到阳公,就能沾上一丝超脱的仙气。

我有心念统计,数学这玩艺是实打实的东西,念好了也争一口气,灭灭洋人的臭嘴。不过这东西也不好念,首先就怕没有人要咱。顶顶致命的是英文不行，托福不敢去考，GRE词语只得三七〇分，和人说英文结结巴巴，还常常有问没答，这可怎么好。只恨这洋鬼子话，这么难学！

　　代问尊嫂好！

　　山妻一并致意！

小波　1/30

二

阳公及夫人，你们好！

　　收到晓阳大函，觉得阳公高论颇有哲理，心里的火气也去了大半。自从吃了西洋火腿（一腿把我踢出来），心里好不受用。我发现我有点像拳匪，宁挨毛竹板子，不挨文明棍。不过阳公说得有理，吃得苦中苦方为人上人，我们背井离乡，到这儿来无非为了名利二字。既然为名为利，就说不上清高。既然不清高，就不配要面子。豁出面皮来撞就是了。这次中国现代史期中考试，有一道题是设想自己是一个清朝人，写下自己的历史。我自称是三湘子弟，随曾文正公打长毛，升到五品军功，不幸瞎字不识，长毛打完遣散时挟平时吃空额喝兵血的积蓄在苏州狂吃滥嫖，花光了流落于天津当苦力，抽上大烟。乘着乱民烧教堂，冲进去放抢，打死洋神甫，按律论斩，又被曾国藩念在同乡分儿上放走了，蹓到北京沿街叫化，最后饿死街头。当时我一边写一边想：我这辈子怎么也得比上辈子强，五品军功不在话下。不过我发现我变得十足小心眼，到现在老在嘀咕教授会不会觉得我胡扯得过分扣我的分。

班长来信说，中央关于工资改革的文件已经有了，基本工资四〇。职务工资，助工七〇，工程师一三〇，高工二〇〇。还有工龄工资。我们出来一趟，好歹拿个 M. S.、Ph. D. 回去，据说 Ph. D. 再熬一年就给副教授。我们出来一趟，回去没单位，狗蛋也评不上一个，须给人笑话死。我觉得阳公的话有理，非混个人模狗样不可，就是苦死也抓挠个 Ph. D.，至不济也搞个 M. S.，不成就跳太平洋自杀。

我现在觉得文科课无味之极，越念越无趣，想改行去念统计。阳公意欲何如？你觉得什么最吸引你？我劝你也别念文科，这鬼子话说溜也难，别提什么答辩论文了。这学期写几个小 paper，一提笔就愁肠千结，大有贾岛"两句三年得，一吟双泪流"的味道。在课堂上教授一看我，我就矮半截（怕他叫我发言）。这种痛苦太难忍受了。我们不如去念理工，好歹是凭咱们自己的功底，不是比那鬼子话。

说实在话，我是真想家。在中国晚上一杯清茶，找几个人海聊一通，好不快乐也。在这儿没人和你聊。我这儿有个牧师每周一次交换语言，他又死乞白赖劝我入教，你说讨厌不讨厌。

想入研究生院要过 TOEFL、GRE 两关。我现在 GRE 就算挨过去了，只是 TOEFL 叫人心惊胆战，我想不交 TOEFL 混过去，不知能否如愿。如果我混过去，阳公不妨也走这条路子。就凭阳公的能耐，GRE 不愁混不过一千分。我至今还记得在二三五①阳公解智力测验题，就凭那一手，GRE 数学部分不愁混不下七五〇分。我查资料 Montana State Univ, GRE 有八五〇～九〇〇分就要，资助也多，而且四季入学，四季给资助（那儿大概很荒，没人肯去）。我们要是在这边混不出来，可以鬼魂西行，到西部去，你我都去 Montana，也不寂寞。咱们两个在一起，老婆们也放心。我觉得此计大妙。

近日看到一份留学生通讯（不知你是否见过那个刊物），说明尼苏达、威斯康辛是州立大学中的佼佼者，在那儿念书比别处一定苦得多。当然，我们这等豪杰，去哈佛耶鲁斯坦福也满够格，不过鬼子文难念得紧，我们不妨避重就轻，何必挑那刀快的刀山上，拣那钉子尖的钉板滚？等到你我羽翼已丰，再杀向名牌大校，阳公以为如何？当然，我们出去横行天下，老婆没准儿扯后腿，这倒是个难处。不过我们窝在家里坐吃山空，怕也不是妙计。

班长说他正调农大，要搞食品加工，要问你明大食品系资助

---

① 王小波大学宿舍号码。

的情况。如你有暇，不妨给他去信。

山妻问两位好。

王小波　2/27

三

阳公，阳夫人：你们好！

收到阳公来信已经好几天了，一直没有回信。这些日子心情不好，联系了一大批学校，已有四个来了结果，三个不成，一个同意入学，没有财政资助，成天惶惶然不可终日。没办法，转起打工的主意。今天去打了一天工，挣了二十块钱，累得不善。去的时候心情颇不佳，因为没干过 waiter，只好刷碗。干的时候心情更不佳，真他娘的累。拿钱的时候心情不错，回来一想又忧忧不乐。像这么干，一星期干六天也挣不出学费来，还是要指望财政资助，也不知有门没有。学期将尽，好几个 paper 要写。忙得要死，倒也没心思发愁。

现在一发地想念 Ph. D. 了，要不我们吃这苦为什么？也许苦尽甘来。人家说嘴甜的 waiter 一天拿个百八十块不成问题。除了干刷碗，有一个地方让我干见习 waiter，钱很少，不过可以长个见识。鲁智深还管过菜园子呢。我现在就盼有个学校给我钱，辞了这些鸟事不干。

阳公，人都说美国是中国人端盘子、洗衣服的地方，我看大家都不能免俗。不知你干了没有。既然我都干了，你不妨也去干一伙，免得将来回国你嘴上有个说头，好像高我一等。

不过我去打工也有光明正大的理由。我上一门人类学课，教授要我写中国餐馆。上次课上我说要去打工，他大喜：You'll observe inside！大有不胜羡慕之意。所以咱这一去是高尚的学术活动。

毛姆有一篇论文谈侦探小说，他说有些小说家胡诌，还不如去厕所分发草纸，尽管这个职业会使人只能对人生做过于狭隘的观察，也是聊胜于无。我们到餐馆打工，就算也是狭隘观察吧，起码比分草纸高二英尺（要按阳公的身材，高得还要多些）。比侦探小说家高二级，岂有不高尚之理？

今天在餐馆，看见美国 waiter 吃剩菜，吃得津津有味。简直是一群猪。我要不把这些美妙情节写入 paper 誓不为人，哪怕教授给我 F。

累得屁滚尿流。今天老婆通过了资格考试，气焰万丈。从泔水桶边归来，益发不乐也。

            小波 3.29

四[①]

阳公，阳夫人，你们好。

我们刚从欧洲回来，看到了很多惊人的景观，也吃了很多的苦。喷气时代亦如《水浒》上所说，行远路要吃癫碗，睡死人床。

在林春处住了一周。英国物价昂贵。花了曹林不少的钱，曹天予前半生穷怕了，现在觉得他老婆太能花，正在办太太学堂，教夫人节俭。当然对朋友他们还是尽力招待，我们却于心不安，讨了个差事，为曹天予付他在你处的长途电话费。请来信报告电话费数额，并利息几何。

此行发现英国与欧陆截然不同，又古板又整齐，不过穷得很。法国人贪大求洋，拼命摆排场，追尖端，就没看见卢浮宫已经被烟熏黑了。意大利到处是古迹和贼。奥地利和德国没有不守规矩的人。荷兰干净漂亮。比利时又破又烂。你们夫妇同游欧洲时，有几处去不得。法国的尼斯（法国女郎游泳不着上装的），还有希腊、南斯拉夫的裸体浴场，晓阳到了那儿就回不来了。

我二人到处住学生旅馆、青年会，买了火车通票到处逛，旅费尚称便宜，只是吃不好。北欧气候阴冷，我却毫无防备，冻得发了气管炎。回来后连日低烧，腰围也缩了几寸，真是够呛。

近来国内有何消息？刘继杰来了没有？周建寄来的论文，我

[①] 致刘晓阳信件四、五写于1986年。

们交在曹天予处。后来听说曹评别人的东西也是不留余地，我现在也有点后悔。阳公认识人多，万一曹不予肯定，把论文退回时，我想再请阳公投递一次，也算尽了朋友之道。

祝

好！

小波 银河　9.7

五

阳公，阳夫人：

来信收到。

曹林的长途电话费，我们还是要付的。受人之托，一定要办。阳公勿推托可也。

一直计划去你处，未得暇。贤夫妇冬天如能来匹兹堡，我们真觉得无上荣光了，欢迎之至。我们两口子住一间屋，不过总有朋友可找，住不成问题也。兄欲来时，望提前给个信儿，我们预作安排。

周建的论文托给曹天予，那人竟拒绝看，说是这是少年的狂想，人人有过。这可有负周建之重托。世界上好心眼的人不多，我算见识到了。事已至此，阳公何以教我？

未见刘继杰信,听说现在出来难多了。不知难到怎么一种情景。刘继杰也可能遭了这一劫。

可有同学旧人的消息?通告一二可也。

山妻问候。

小波　10.2

六[1]

阳公,阳夫人:

刘继杰昨晚来电话,告知新电话号码。刘氏夫妇曾欲圣诞去佛罗里达,因无游伴作罢。你们赶紧联系还来得及。

今夏曾出游,两至L.A.,又从黄石公园一路回来,曾过明州。因为人送车,里程疑超了,不敢绕路去看你等。现在知道去也找不着人,心里也就坦然。

阳夫人曾来电话问去欧路程,美元惨跌,去怕不大合算。以愚之见可去南美,见见玛雅文明遗迹,太阳金字塔月亮金字塔等。去时多带药品以防痢疾。我等欲明春复回国。银河欲到北大做博士后。据说国内博后待遇好,阳公回国也可如此比较。

如意公愧不敢当,阳公当之无愧。

---

[1] 此信写于1987年。

阳公欲出游又怕车祸，我有一计在此：有一间 A1 公司，为人送车，你开一辆去迈阿密，又从迈阿密开一辆回来。只交汽油费，也不怕撞。撞了不是自己的。愚夫妇夏天出游就是如此行，把车开到烂泥地上仍勇往直前，颇胆壮也。你可查 Yellow Pages, D. C. 一定有这种公司。

Merry Xmas.

小波银河　12/24

七[①]

晓阳年兄，令毅年嫂：

多谢寄来贺年卡。回了国我竟忘了寄贺年卡的事。

不知年嫂的事我们还能帮上忙吗？实在有必要，我也可往报社、教委写信，要求上级干涉，但是有你们授权才好。我的意见是你们不必急于回来，回来年嫂也千万别回植物所。此事班长也能帮上点忙，我想他家在农大，多少有关系。年兄如打回来的主意，工作还是好找，不过也不是想去哪儿都行。我现在没去成人大，在北大帮闲，觉得很没劲。干一个月挣黑市价十个 $，你想如何能有兴致？除非干些自己想干的事。我甚想脱离单位，去自办个

---

① 此信写于 1988 年。

什么事业，现在能想到的还是去舞文弄墨，办个出版社。

　　回来之前我曾往人大一分校计算机站写过一封信，问他们可要带什么软件，主管的工程师回了封信，我没收到。回来之后人家还提到此事。现在国内软件一面混乱，又逐渐有形成市场之势。首先以年兄学统计这一事实来看，回来做事非有会用的软件不可。Macintosh 根本就没打进中国市场，你非带几个可用的 IBM 微机软件回来不可。至于什么机器上能使倒不必太担心。我这个狗屁计算机室，IBM PS/2 就有二台。AT 机也不少。SAS、SPSS、Stata 都有，可代表国内上等一般统计微机房的水平，可就是少了一种宜于做统计的语言。年兄如有 APL（A Programming Language）之 IBM 微机本，可给我寄 copy 来。我在美还有一个户头，连 manual 复印费一并写支票给你们。Glim 我也没有，如年兄有使人可捎来。邮寄太贵，能省就省吧。

　　我现在的日子混得很悠闲，上班给社会学所改改 data，这种讨厌的活干不完，也就不能开算。得闲上海淀租书店租些武侠、"色情"之类的闲书看。晚上自己乱写些东西。如果阳公回来，吾辈重享清谈之乐，何幸如之。然而年兄归来之后，两袖清风，无钱万事不能行，不说有个二三万，好道也得有个万儿八千。再说你们硕硕像是宝二爷再世，也穷不得。山妻现在正调查中学生恋爱，发现现在孩子从小学就谈恋爱，所以还要加上硕硕情场上的开支。综合上述情形，贤伉俪还是在外攒攒再回来。

我二人在此正被人视为穷光蛋，前车之覆不可不鉴。万一年兄真要明年回来，我有个计较在此：你可把外边可以便宜拷到的软件，不拘语言、教育、制图、经济管理、统计等等，拷上几箱子，回来或卖给公司或自开公司，都无不可。只是 dBASE, Lotus 和其他太常见的国内都有了，须拣新奇生僻的去拷。这等没本的买卖反正不会赔。

就此打住，山妻问候。

小波　12.23

八 ①

晓阳，年嫂：

来信收到。转眼一年多，通信不多，年兄勿怪。

这一年在国内，所见所闻，真是惊心动魄。初回国时，弄潮之辈多是旧日相识，眼见彼辈以其昏昏使人昭昭，就觉得前途危险。现已是黄鼠狼生耗子，一窝不如一窝。现在谁都不为国事担忧，过一天算一天罢了。

我们俩过得尚可。银河做了些调查，现正调查同性恋，发现同性恋社区似比美国还活跃。上次见一位同性恋者，谈起同性恋

---

① 致刘晓阳信件八、九写于 1990 年。

中伟人如云，颇有自豪意。

我现在正给北大社会学所做统计，手上除 SPSS 没有可用的软件，国内这方面很差。我现在会用 FORTRAN，编统计程序不方便。闻兄谈起你们用 S 语言，不知是否好用，工具书也不知好找不。不管好歹，烦兄找个拷贝给我，包就算了。照我看只要能解决各种矩阵运算就够：当然也要有各种分布函数。反正也是瞎胡混，我就算努把力，少混点吧。

听说美方给 J-1 Visa 延长，兄等就在外混吧。现在苏联乱糟糟，罗马尼亚又改朝换代，谁知道以后会出什么事。等到水定河清之日，兄等再回来听我们说说这些年的事。

在外面的哥儿们老担心有安全问题，其实我们还满有安全感的。盖中国人多，死上十万，不过万分之一，难得轮上我们。只要不干出头的事，屁事没有。洋人一看街上死了好多人，就以为可怕之极。其实正如隋炀帝老兄所言，犹大有人在。问题不在死多少，在于剩下多少。

我觉得统计方法在中国最是急需，因为现在一切统计都不可信。照此下去太可怕了，非自己去做不可。

一回了国，说话又吞吐四海。要不这么胡扯，就没话可说。因此可知我辈脑子正犯乱，这也是我一直不给兄写信的原因。

山妻问候。

小波　1.8

九

晓阳兄嫂：

　　你们好。

　　晓阳寄来的软件收到了。其中中文软件做得很新颖，是用调制字模发生器的手法做中文显示。我也用调制字模的手法，做了个窗口软件，可以在西文软件屏幕上开中文窗口。现在也懒得再把它做完，因为找不着用户。

　　班长抵死不肯做官，还想回商品学做学问。国内前一阵很担心美国停中国的最惠国待遇，如果停了，很多人找不着饭碗。不知是些什么人游说美国国会，简直没有良心。留美国本是谁有路子谁留，这么一窝蜂也不是个办法。总而言之，什么时候都是中国人坏中国人自己的事。

　　晓阳到底也加入了 IBM 的行列。照我看，苹果机还是买不得，因为 IBM-PC 的兼容机队伍庞大，Intel 又总能推出新一代 CPU，将来还有大发展。买微机钱的投资是大事，时间、精力投资更为巨大，买 386 兼容机是明智之举。

　　我最近可能会调入人大，投奔班长。最近胡思乱想想出了个理论来，还没认真推导，大抵是设立多个 Dummy（两分变量）构成的联合分布，其全部样本点构成一球面，点到点的距离以总误差计算。所以一样本点的对点就是它的否，误差最大。其余的正在想。

最近中美关系又好点了。我现在不赞成民主政治了,从历史上看,一个国家的民主体系一定诞生于披荆斩棘之时。要是在七八年,中国搞起民主,还有些道道。这几年人心大坏,还能搞民主吗?学生谈论民主就和抽美国烟一样,图个拔份罢了。当官的叫人失望,年轻人更叫人失望。就说有些人在美鼓吹取消最惠国待遇,真是其心可诛。

我们俩还那样。李银河最近闹了喘病,冬天很凶,夏天也不见好。

问你们硕硕好。

小波 银河 5.22

十[①]

晓阳,阳夫人:

来信收到。恭喜年兄安渡难关。可惜近期不能亲聆年兄高论。忆及与刘继杰在美京,与年兄做彻夜之谈,年兄肆如簧之舌,潇洒不减少年时。回国后见同学诸君,诸君老矣!中年危机,信不虚也。曾与班长谈年嫂回国工作可去农大,年兄可去人大或人大一分校(有房)都做罢论。

兄谈及 IBM 中文软件不可用,估计是图像板问题,可至有

---

① 致刘晓阳信件十至十三写于 1991 年。

color monitor 之机器上一试。Mac 机国内亦有,唯不及美国多也。你的逻辑图把我镇了,是激光打印罢?郭译《浮士德》有云:

> 赤身裸体坐山羊,
> 我要表示我玉体!

想那魔女是一顾盼自雄状,但恐玉体不及 Mac 机之图像功能美耳。

白马非马之证明恐有不当。因为白马非马,不等于非(白马马也),白马马也,又非白马 = 马,乃白马 $\subset$ 马,盖集合白马属于马,则不属于马,又有一问题必须先证:马非空集。如马是空集,任何东西 $\subset$ 马,乃恒言式也。就和大家都不是猪八戒一样。

如欲证明马非空集,必须有起码一个马 i,

马 i $\in$ 马,令集合马非空。

我能证明《公孙龙子》之集合马是空集,无论你指任何马 i $\in$ 马,我就让公孙骑那马过关。公孙必云马 i 非马:

马 i $\notin$ 马

马 i $\in$ 马̄

于是证得马是空集,白马非马恒得成立。

春节未及去年伯处一拜,容日后补过。

林文鹏前不久结婚,至北京于故人前夸妻三日始南返。据说(我未见),彼云:今天我才过上了人的日子!又云彼将于深开办公司,过几年必大发,三妻四妾指日可待。

山妻问候年嫂。又年前曾见李奇志,彼正呈更年期之症候,又说要生孩子。硕硕如果还没有干爹,可认我一个,过年必有压岁钱。开个价来。

小波顿首　2.22

十一

晓阳:你好!

来信收到,近一阵在赶稿,未及回信。你寄来的严氏 2.0A 我也收到,还没用。因为一者是 3 盘要倒,二者我自己写的 WK 也有重大进展。我也自做了词组功能,是棵 B 树,我觉得自写的软件自用,感觉是最好的。词组用处不是很大,主要用于定义人地名等专有名词,但是严氏软件对我还是有重大启示,拼音加四声是个极好的主意,写起东西来声韵铿锵,与其他软件大不一样。自写一遍,从分页到编辑键分配,都能合乎自家习惯,不是存心狗尾续貂也。如能见到严氏,可代为致意。

来信述及心情不好,我也曾有体会,比你可能还要厉害。阳兄一时龙潜于田,将来发达有日。阳嫂豁达爽朗,比山妻强之百倍。

倘有些流俗之论，也不必往心里去。将来拿到绿卡回国一走，心情更会大佳。倘若事事从俗，聪俊如阳嫂之辈，只合打一世女光棍，聪明可爱的明达贤侄，又从何来呢？我老婆当教授，我狗屁不是，也不觉有什么。

我前一段感觉也很坏，所幸写小说挣了点钱，又略见光明。人大的差事也打算辞去，以便专营此业；成败尚难逆料，心里也磨得慌。总之不复少年豪情。我老师许倬云说，哀乐中年，大概就是这个样子罢。

你曾写信到为我们捎磁盘的朋友处，那人不明甚意，把信又寄到我们手。此人叫作××，在美定居，一二年大概不回国了。

想起四月一日是兄生日，此乃可喜可贺之事。愚夫妇在此有礼。

代问阳嫂及明达好。

小波　3月22日

十二

阳公，阳夫人：

好久没写信了，不知过得如何？

前次寄来软件，上机一试发现非有浮点处理机不能运转。因为缺少软件，国内机器一般不装协处理机，冷不丁撞出您这一件来，搞得不大有办法。

我们过得还是那个样子。老郑在人大，校领导内定把他作副校长培养，条件是要做物资处处长。他嫌累拒绝了。现在打回商品学的主意。我在北大混得没劲，也打算到人大去。李银河 Post-Doc 做完要到北大社会学所工作。

闲着没事搞了个发明。原有中文软件是用线扫描方式出汉字。我做了一个用调整字模发生器方法出汉字的系统，自以为很优越，可惜还未找到用户。用此法可以很容易地在西文软件上出中文窗口，还在 SPSS 上加了几句骂娘的话。

你们二位混得如何？看来又似五十年代初官派中国留学生一样，去留两茫然。其实靠本事吃饭，在哪儿都一样。只有政客之流才有择席之癖。

你们硕硕如何？也许下次见面就见着个美国侄媳妇。

旁无他事。你有什么可用的软件还可介绍，连这次的先记在账上，一次总付吧。

祝三位好。

小波 银河
91 年 5 月 22 日

十三

阳公、阳嫂：

两位好。8.17告白收到。得知大难不死，甚为二位高兴。大难不死，必有后福，二位等着擎好吧。

我们的情形还如旧日。就在你们写信之后三日，苏联出事，于你们正如隔岸观火。我们这里叫火烧眉毛。然后是个什么成语还不知道。但愿不要水深火热才好。

晓阳托人带来软件，周转很多日才到手里，软盘有些污损，坏一片烂一套，不可用矣。但是十分感念晓阳的好意。去年托人带来的中文软件（严氏Byx），我用着尚好，而且又用C语言仿编了一个，程序是我的，拼音字典是人家的，执此招摇撞骗，骗了一些钱。干这个事，熟悉了C语言，都是拜晓阳所赐。

不过现在我对微机已无兴趣，因为发现写小说也可赚到钱。这次一个中篇，中了联合文学的奖，奖金比我数年工资还多些。现在正欲辞了职去干这路勾当。不知阳兄何以教我。

近来与朋友少联络，不知刘继杰夫妇可好。小阎也没联系上。听说李奇志生了孩子，在国内疗养，亦未及见。美国诸学友面前，烦晓阳代为致意。

现在才知道晓阳在做Fax生意，并营字幕机。字幕机（主要是字幕制作机）国内争得极烈。Fax国家垄断，生意难以做到国内。

我有一友，现在混在统计局下属机构做事。现在有项业务，是向港出售统计月报资料。我觉得可向美发展，并出售磁盘。未知此事晓阳何以教我。

明达贤侄回国，我们也不知。二位四处漂泊，豪情不减当年，可喜可贺。所不同者，胯下青鬃马换作日本本田车，也算鸟枪换炮罢。不知你们的车换了没有。我想那辆本田也该换了罢。下回买车，当买奔驰，方不致当路熄火。其实如果安顿得下，有钱不如买房，买车不值。或者买辆住家车，省得找不着住处。

山妻问候。

小波　9月2日

十四

晓阳你好，来信收到。

贤夫妇豪情如旧，可喜可贺。

信要我写的软件，寄上一份，算是投桃报李罢。编译程序一盘（有说明书，见 shou），源程序一盘。我的音典与严氏同名内容不同。功能上与严氏的近似，但是多了改进拼音字典的功能。按 F4 后可以把拼音重定义。也可加字，在拼音拣字时，按 Enter，就进入国标拣字，拣到的字加入字典。这个软件由五个 C 语言（另有两个头文件）和一个汇编语言文件组成，可用 Turbo C 编译，但是汇编部分不必重汇了，可以把汇编文件写成的部分形成的 obj（我的磁盘上叫 wk5.obj）放到硬盘上，与其他 C 语言文件分开，用 Turbo C 的 command line 编译器编一下，命令如下：

tcc-mc-ewk a: wk*.c a:wk5.obj graphics.lib

形成 wk.exe，但是必须有 yindian，cclib，egavga.bgi 三文件支持才工作。*.bgi 是图像板参数表，可以包括到 *.exe 内的。但是要改改程序。你的机器好。我还用个老掉牙的 XT 机，简直落伍了。Turbo C 你一定能找到。假如你用过其他 C 软件，有一点要提醒你，Turbo C 有一种极讨厌的特性，就是你在一个函数内 alloc 的内存，退出该函数时不会自动释放；还有一点也很糟，就是模型问题，在大模型下写的程序，到了小模型上一概不能用，我的程序是在 compact 模型下写的，就不能用 small 来编译，这两条是可以气死人的。据说可以用 far、near 之类的前缀说明指针，其实是屁用不管。我干了一年多 C，得到的结论是微机 C 还不能使人快乐，有时叫人怀念汇编。

F1 是提示键。我的打印机有汉卡，F5 你恐不能用。这个打印机是人家借给我的，性能非常之好（美国 amt-525）；但是不知能用多久。这个程序我还在修改中。与严氏的软件比，在硬的方面的优点是达到了很好的紧凑性,现在编译后是 55K,扩展余地大。缺点是图像更新没他的快(在我的老爷机上可以看出区别),不知他是怎么搞的,我很佩服。我的图像部分也是汇编写的,反复优化,也达不到他的水平,不得不承认技不如人。另外,磁盘文件的处理,我也写不好。还要请阳公指教。

我哥哥念完了 Ph.D.,又去念 computer,听你说,刘继杰也去念这玩艺。将来大概这碗饭也不好吃了。大家都念 computer,有那么多的 computer 吗?所以在美找饭碗看来也不容易呀。

写了个中篇,得了联合报二十五万新台币的奖,在十月底到十一月连载,有兴趣可找了看。还有一本书在香港出。将来就想吃这碗饭,现在年尚富力尚强,挣了钱,将来养老不成问题罢。国内主要的问题还是人太多,开份工资还不是大问题,主要是老人养不起。房子,保健,一人一年非一万不能打发。我算着我们是轮不上了。所以铁饭碗是肯定不可靠了。

听说你们也想办刊,倒是伟大的计划。估计困难会很大。主要是读者群不大。听说报好办,刊难办。但是无论如何值得一试。我们和年轻人、老年人都有代沟,突出中年特色,可能会成功。

另有一事相询,我们想买打印机,不知美国是什么价,要是便宜想请人带。就像你用的那种(假如未看走眼,大约是二十四针的),国内大约是三千元。我家安了电话,841-6633 转 738,有急事可打。

我辈老矣，三十不学艺，后来学的东西恐怕当不了饭碗。阳公和我一样，年轻时走南闯北，所以所学理工之类，陶冶性情而已，倒是文事比较强。经商恐怕也干不了。自由世界，当可在出版上有所为。你看如何。什么computer，统计，让刘继杰孙小姐去干罢。

我有一哥们在芝加哥，太太干出版，名叫×××，你如有兴趣，我可拉拉线。

这个磁盘想寄又寄不出，因为到处都不给寄。现在托人带去，我收到了你的贺年卡。这盘到你手里,恐怕要到春天了。山妻问候。

小波作揖
92 年 1 月 11 日

十五[①]

阳公及夫人：

你们好。晓阳的剪报收到了,挺有意思的。我写的小说发在《联合报》副刊上，去年十月中开始连载，到十一月出齐。篇名《黄金时代》。我手上报纸不全,不能寄剪报了。手稿厚厚一叠,寄去太麻烦。

我搞到了一台打印机，是我姐夫给我的，HMT525，打印速

[①] 致刘晓阳信件十五至二十二写于 1992 年。

度极快，噪声也大。目前暂不想买了。再等它落价也好。发稿不算有大门路，只是通过在匹大认识的一个教授。但是也算认识一两个人吧。晓阳有何好稿，没准也能帮上忙。

不知你们二位是否申请了绿卡。我估摸着也该拿到了吧。如果有绿卡，就可回来看看，一般没什么大问题，顶多还出去借的钱，也不多。回来还可以找到做买卖的门路。和你们多年不见了，真是怪想的。我虽以君子不党为原则，但阳公不是一般的朋友。我猜你在外也觉得寂寞。

小波顿首　2月17日

十六

阳公你好：

来信收到，如今有一朋友去美，捎去一盘磁带，其中有你最爱唱的蒙族歌儿《敬祝毛主席万寿无疆》，当然唱得远不如阳公好听了。现在大陆正兴怀旧风，毛主席像到处都是，不及"文革"中多，比"文革"前却不少。这类老歌也纷纷出笼，当然，没有意识形态背景，大家听着玩罢了。这些事可能你已知道了。

我们近况依旧。

山妻问候。

问阳嫂及明达贤侄好。

小波拜上　4月12日

十七

晓阳兄嫂：

你们好！

收到晓阳来信，前几天托人捎去一盒音乐磁带——《红太阳》，收到了没有？

拙作承晓阳鼓励，如果定的话，只好和出版商联系，找一位×××小姐。我都是和她交涉的，看她能给你个什么折扣。我把名片寄给你。

我们的同性恋研究出书了。样书还未到。到时一定寄你一本。但是话也不敢说满，因境外寄来书刊常被扣（你寄的剪报倒不扣）。倘出版商径直一寄，样书都全孝敬海关了。

近来李银河出差，只余我一人在家。日子过得有一搭没一搭，愁眉苦脸。不多赘。

问明达贤侄好！

明天我生日，四十了！

小波　5月12日

十八

晓阳你好：

　　前信收到。刘继杰回国，又说了些近况。

　　晓阳的信又用 Mac 机，看来你的机器不少，可喜可贺。我这一台老 PC/XT，用了六年换不下来，太惭愧，近来老想狠狠心，花几百块买个 286 主板换上，老婆又不同意，真是要命了。

　　我自编软件又有进展，把一部分程序递归化，出现了很新奇的特征。等我换了 286，就需要能写虚址方式的 C 语言了，未知晓阳能否找到？

　　刘继杰说晓阳著述甚丰。离美多年，你投稿的那家刊物也很少读到，未知办得如何。

　　山妻问候。

　　问阳嫂及明达侄好！

小波　92 年 7 月 7 日

十九

晓阳你好，来信收到了。

　　刘继杰回来后，和他聊了好多，你的情况知道了不少。

好久没收到你的信,以为你搬了家,就没给你去信。谁知你把信寄到北大去了。李银河正要调到社科院去,也不大去北大,所以到上个礼拜才见到信。你给我寄的软件因为是三寸盘,在这里很不通用,所以我也没用。盘上有什么,至今不知道。我用 C 编的软件已经用熟,并做出了各种写小说的工具,别人的软件已不用了。现在主要是写书赚钱。从今年初开始写长篇,首先做了写长篇的专用软件,现在基本调通,开始写了。现在中国的风头有利,准备努力写一些,把主战场放到国内。因为没有名声,光靠质量在外面也难有作为。我们的同性恋调查,书商很努力,也没卖多少,我想是因为名声未立。要成名,还是要先在本土打响罢。

在班长那里看到李悦的信,他现在正努力读书,学问日渐精深。晓阳公想必也是这样罢。递归论我没学过,我哥哥大概懂一些。我和你说的大概是计算机内的递归算法。我在美国读的书都是关于机器的,有关算法、数据结构等等,全在国内看的,也不知英文叫什么。在 C 语言里是指在一个函数(相当于其他语言的 sub procedure)内调用同一个函数。一般程序书里都能查到。

所谓保护方式,是指 286 protected mode。因为一般的 IBM 机器,不管是 386、486,只要是用 DOS 操作系统,实际能操作的内存只是 640K,相当于一个较快的 PC 机。想要用到 640K 以外的 extend memory,只有用 protect mode 才能用上,我打算换 286,还是想用多于 640K 的内存。这就要有比现在的 C 更好的编程工具。

当然，我也不一定要用到保护方式，有各种 EMS 软件，不过我还是想往多里捞摸，多留一手。MSC 我只见过 5.0 版，7.0 版的性能还不知道。不过我猜现在流行的 C 应该有这些手段，到这时候了。

我有一段时间很关心 personal computer 的发展，属于想玩玩不到过干瘾的那种。这路东西的发展都是由处理机芯片的发展开始。从 8088 到 286、386 看文献就知道快了很多。从实用的角度来看，286 多了虚存保护，386 又多了很多用户多任务手段。486 据说把 386、387，和 64K 的高速缓存集成到一个片子上，不但整数运算快，浮点也快多了。不过不做科学运算，意义就小了。586 还不知是个什么东西，想必有惊人之处。不过到了我手上用作文字处理，也是暴殄天物。我有个 286 用用就算行了。太好的东西我也使不出来。

听说美国微机多媒体搞得甚火，微机接电视、音响、vedio 等等。这玩艺听上去倒是蛮有意思的。

听刘继杰说晓阳著述极丰，可喜可贺。有没有兴趣写点通俗的东西？这方面的市场需求甚大。剑侠方面，自金庸收山，古龙作古后，后继无人。便是言情方面，也没有第二个张恨水。琼瑶那种东西，只是赚思春少女的钱，男人没有书看。以晓阳才情，投身通俗文艺方面，恰似猛龙过江。之所以不干，只怕是嫌弃这个行当。从前有个罗马皇帝抽厕所税，为儿子所笑，就拿个金币给他闻，说这就是从茅坑里弄来的钱，闻闻有味没有。所以这事情满干得。我现在没这种门道，要不然早干上了。你在海外，条件满好。

要是干出了门道，也提携提携我。比你现在干的行当来钱。就算写剑侠、言情太低级，幽默一类怎么也是雅俗共赏。你肯定能当个很好的幽默作家。来个新《笑林广记》，或者新《笑得好》什么的。我还记得 *Playboy* 出 $500 一条的价码征求 dirty story，你可把蒙古人的那些故事卖给他们。我还有个而已汤的故事，也卖了罢。

我们俩活得尚可。银河嘱问候。问嫂子和明达侄好。

小波　9.15

二十

晓阳你好！

　　来信收到了。前几天在北大拿到一封信，是你六月寄来的。当时回了一封信，想也收到了。当时不知道你为什么这么干，原来是机器坏了。居然叫人敲去 150 dollars，老兄真是有钱。这种事叫我遇上，肯定自己修了。现在的微机修理都是换线换板，机器一坏，先找块表量量是不是电源坏了。只要不是电源坏，估摸是哪部分不好，就去买块板换上。送出去也是这么修，还要敲你手工钱。我看 150 什么板子都能买来。万一自己故障没找对，就说人家的板子不好，退给他。我的机器里什么牌子的板子都有了，都像你那样挨人敲，还玩得起吗？这么弄，还能有点乐趣。比方说，你爱

486，就去买块486主机板，把自己的主机板换下来，这种搞法不怕杂牌水货，坏了再换，反正便宜。我的问题在于这么搞都搞不起。

我现在从我哥哥那里弄了一套Turbo C++，软件方面暂时没有问题了。只是286还没买，因为听说中国要加入关贸总协定，这类东西要掉价；有钱先买家具。无论如何，我是用不到486的，因为要286也不是为了追求高速度，主要是要解决内存问题。我现在软件写得出神入化，大概8088上能做到的一切，我都做到了。自己觉得该告一段落，去写小说了。

老郑要去加拿大，估计此行能见到小阎、孙亮等人。估计你们美国同学出入境会有问题，所以没联络。"知青带"容我去找找，但总要方便才能捎去。从这里往美国寄东西很不方便。

问邓令毅好。

小波顿首

92年10月4日

二十一

晓阳你好！

前信写好一个月没发，在此期间，先有朋友把你寄来的软盘导了一下，看看是数字，就没动它。记得原来有一套干这种事的软件，是你给的，但是盘坏过，再也找不到了。今天写了个小程序导出来，拜读了大作，甚是有趣。我现在过得有一搭没一搭，时间是以月计算，一混就是半年。老兄写杂文真是好手，不知写没写过政治以外的题目。不过你和那帮毛孩子论战真是跌份了。什么和平的最高原则就是牺牲，全是热昏了的胡说。老兄的见识虽高，总是对牛弹琴。

我现在想了想，发现理性这种东西，是小市民的专利。假如一个人有自己的铺子，本本分分地守在里面，人欠我我欠人清清楚楚的，这人就有理性。倘若是穷光蛋一个，还要以天下为己任，准是个大疯子。中国人里就是脑子清楚的人少，疯疯癫癫的人太多了。以前没想到的是出去了以后大家还那么疯。不过这也能理解，因为出去还是些穷光蛋。我觉得做人最大的幸福就是飞跃疯人院。看来老兄是飞出去了。不过笔头上火气还是略大点。说实在的，咱们这些人年轻时，比那些毛孩子还疯狂，并且疯狂能带来一些快感（契诃夫有个小说《黑衣教士》，扯的就是这类事），所以咱们又何必苛责于人呢。现在在国内的人，早把这些事忘得差不多了。现在国内经济、体制上正发生一些变化，这应该是更有意义的事。要是渐渐有点规矩，大家可以将本谋生，或者劳力谋生，就是好。否则就是坏。要是堕入比谁疯或比谁傻的格局，就是要完蛋了。

           小波顿首 11.7

二十二

晓阳，你好！

班长从美国回来，带来磁盘。我这些日子又看了些，感觉是《忆子明》最好，《不能逃生》次之。总的来说，都不错。用中文写杂文的人里，首屈一指总能数得上。当然，咱们是同学，有吹捧之嫌，那就首屈两指罢。

这些年在国内待着，感觉比八八、八九两年情况好。经济上有起色，思想、文化领域也不似那两年爬爬叉叉。我想这和某些人出了国不无关系。我这么说，难免走狗之嫌。不过现在大家都明白了，那些仁兄都是些玩闹。这几年耳根清净，没听见新权威主义、权力学一类的东西，感觉颇好。当然新权威主义是正经学问，但是到了那些仁兄嘴里就改了意思。要用鲁迅的话来说，是拿大旗作虎皮。要用我的话来说，就是肚皮上割口子，假充二 bi（第一声）。

咱们这个国家，假如能出个把华盛顿、杰弗逊，当然好极了。不出也能凑合过。就怕出王莽、袁世凯这类人物。在这点上，我和阳公的意见有所不同。你说不能逃生，我看逃了也不坏。真要能做到在外面沿街讨化都不回来，也是一大贡献。

我这一年混得不好，成绩不能和去年比。在港台出的书卖得都不太好。国内有些东西交了稿，但还没出来。现在情绪最糟糕。按现在情况，明年你们一准能拿到绿卡了。到时候回来看看吧。

圣诞在即，提前寄卡了。

小波顿首

二十三

晓阳你好：

好久没通信了。屈指一算，又到你过生日的时节。生日快乐。愚人节快乐。近来觉得日子过得实在太快。上次你寄来几篇杂文，当时正好有一位编辑来，他说"邹韬奋的《生活周刊》"要复刊，我就把你的文章给了他，说好了起码用两篇，谁知一去好几个月没了动静。昨天来电话说是周刊还是月刊尚未弄清，恐怕要再等等了。我想这个刊正经一些，索性再等等它。因为国内好多刊物实在办得太下作，一点样都没有。前几天有位熟人说，他们那里公厕要设阅览室，大概放的就是那类刊物罢。

我终于下决心买了一台286，这些日子在改造软件，做了不少汇编工作。其核心是让它在虚拟保护方式（virtual address protected）下工作，以便利用扩展内存（expanded memory）。现在终于完全成功，我的软件现在可以编辑400K长的文件，可以把一部长篇小说全部调到内存里编写了。只可惜我这个机器还是很低级，只有1M RAM，并且没有硬盘，所以也就到此为止了。这个程序的缺点是还太低级，有大量对端口（port）的操作，虽然效率是高的，兼容性不会太好。我的XT机给山妻用了，算起来我用那台机器已经七年，就如一位老友，骤然割爱，如心头割肉。

我们写的中国男同性恋的书终于在国内出版了。过些时拿到样书，一定寄上请阳公指正。

我想你们很快就要拿到绿卡，届时回来转转罢。明达贤侄恐怕连中国话都不会说了罢。

问令毅好。山妻一并问候。

小波顿首　93/3/15

二十四[①]

晓阳兄：

邓令毅嫂回京，我们都见了。知道你近况很好，我们都挺高兴。你寄来的软盘我也收到了。但有些技术上的困难，尚未读到内容。等我腾出手来就打开来看。

我的近况好了一些，又得了《联合报》一个奖，国内也出了一

[①] 此信写于1995年。

本小说。因为给书做宣传,见到了×××,听说是你的插友,就多说了一些你的情况。后来令毅知道了有点紧张。国内的情况有很多变化,主要是大家都不关心政治了。甚至可以说,连党都不关心政治。所以我觉得没什么大问题。当然,以后我也不去说这些事。

国内旧友还是老样子。去年你信里提到×××做生意,当时我很想去信警告你一下,×××其人不是太可靠的。但是他的情况也很坏,又怕有落井下石之嫌。他似乎经常因经济上的事落到检察院手里。班长疑他染上了吸毒或赌博之类的恶习。总之,他要是向你借钱,你最好别借给他。

我弟弟王晨光在密执安大学做博士后,是学制药的,一直在找个长久的事。你们如遇到适当的机会,勿忘提携。

保持联系!

小波敬上　3月28日

晓阳:祝你生日快乐!

二十五[①]

晓阳你好:

你走时没顾上见一面,真是很遗憾。估计你是班上闲回家

[①] 致刘晓阳信件二十五至四十二为电子邮件,写于1997年2月至4月。

忙的人，在网上扯淡不占你的时间。人在年轻时，觉得到处都是人，别人的事都是你的事，到了中年以后，才觉得世界上除了家人已经一无所有，自己的事都做不过来。以此类推，到了老年，必定觉得很孤独，还会觉得做什么都力不从心。换言之，年轻时是自由人，后来成了家庭的囚犯，最后成为待决的死囚。……

小波敬上

二十六

晓阳你好：

　　发来的文章都收到了。你发回来的文章我看着都正常，就不知毛病出在何处。

　　那篇裹小脚的文章，我看那个和你打笔仗的人很无聊。裹小脚是种陋俗，主要在于它对劳动妇女有极大的害处，既不利于行走，也不利于工作，搞得家里家外一团糟。但凡劳动妇女都知道不好，但又无力反对，故称之为陋俗。……凡此类陋俗，必有保守主义的意识形态为庇护伞才能存在。老兄的批判是很对的。现在的年轻人，连什么叫作极权社会都不知道，就来说黑道黄。只知道一些理论，就不知"邪恶"二字卖多少钱一斤。和他们讲理真是没用。

那篇《洋人·百姓·官》①正是鄙人所作。……

二十七

晓阳你好：

你要的那种 XT 电源，国内也不好找。这种老机器别人都不用了。

你发来的那段文章，我早就注意到了。×××是精英人物，免不了传统精英人物的毛病——一种牺牲别人、践踏别人，以达成自己目的的雄心。美国有位女权主义者说得好，这世界上有两种人，一种是 fucker，一种是 fuckee。精英总觉得自己是 fucker，看别人都是 fuckee，自己就该 be top，别人就该 be bottom。××说，让别人牺牲自己不能牺牲，就是种 top 意识——她现在嫁了人，当了 bottom，可能会有些改变。所以也不能苛责年轻时的×××。

小波敬上

---

① 收录于北京十月文艺出版社 2021 年版《一只特立独行的猪》。

二十八

晓阳：

就按你的主意把中文转了格式发过去。我可以把我的uucode发给你，但它在DOS下转不好。我还可以把发文格式换成MIME，但李银河又不能收。真是让人没法子。

二十九

Hi，晓阳：

看了你发过来的文章。不知你怎么看，反正我不喜欢这种论调。谁到外人面前去说中国人素质低？谁喜欢中国可以说不？都是大头傻子。所谓物以类聚，人以群分，德国教授到了中国，见到的全是傻子，他自己也不高明。写那文章的觉得傻话有道理，更是个白痴。我写那篇《洋人·百姓·官》找不着了。另有一篇，发在广东的一张三流小报上，附上。①

小波

---

① 即《从Internet说起》，收录于北京十月文艺出版社2021年版《我的精神家园》。

三十

晓阳你好：

　　看了你转发给我的《×××关于国家统一的政策声明》(××44，9701，P30)。这人简直是发了疯——胡扯了些什么。这么郑重地乱发宣言，以为自己是谁？墨索里尼吗？请你转发个 E-mail 给他，我对此宣言的观感是：他在当众手淫。李敖大叔骂老 K 奢谈统一，说他们手淫台湾，意淫大陆。此人顶无片瓦，下无寸土，只好叫作手淫自己，意淫全体炎黄子孙。

三十一

晓阳你好：

　　看了你发来的文章。×××脑子里全是陈糠烂谷子，没什么希望了，是钻牛角尖钻的，小知识分子就是不行，满脑子全是一言定天下听之类的事，想事情暴躁偏激。才有一得之见，就自我陶醉，成不了气候。假如那封信是×××写的，×××比他们都强——毕竟是做过一国之君的人。

　　阳公给我发文件，一日不要超过 0.5M。否则会堵住我的信箱，小半个钟头清理不了。我在自己这边还好，在我妈那里早起占住了电话线，多少有点麻烦。

小波敬上

三十二

晓阳：

你说这件事，假如是讲理，谁能讲过阳公呢。要是使巧骂人，我倒知道个荤段子：从前有一天，十冬腊月，滴水成冰，飞鸟坠地。有一男一女，不知因为什么缘故在外野合，冻住了。黎明时分有一拾粪老头经过，就说：我给你们哈口热气罢。人家说：你别过来，别干这事。他非要哈。以愚之见，……我们读书人，于情于理与此无干。要关心关心一下老百姓好了。×××偏要去做那个呵气的，叫人难以理解。当然，他一哈气把自己的胡子也呵了上去，冻住拿不下来。天明后别人看到，说这一男一女做的事还可理解，这老不死在那里探头探脑，不知是干啥。所以×××可以叫作×大哈，可能还有二哈三哈。这读书人的呵气欲真是没有药治了。

小波敬上

三十三

晓阳你好：

你发来的 E-mail 都收到，能读，也没发生过搞乱的事。我在主机里的信箱还是满大的，主要问题是要通过电话线到我的 PC，14K 的 modem 一秒可过 1K 多 byte，这就相当慢了。主要的不便是占电话线。

你说到的 ×× 我们也认识，原来是马列所的资料员，是我老婆同事，后来调走了。听说出去的人给人当面首也算种出路。至于"中国需要你"，那也不是瞎说的。中国也有中年妇女。

我们做男同性恋调查，得知圈内人士都以"be bottom"为莫大的幸福。只有追求别人时，为了赢得别人欢心才做 top。但他们嘴头上都说自己是做 top 的，用圈里人的话来说，死要面子活受罪。女同性恋的情况不清楚。

看了海外的言论，忽然领悟到人在国外时对国家期望甚深，不由自主就倾向国家主义，这是可以原谅的错误。更何况人在自由之中，容易看到自由的弊病，体会不到自由的好处，很多人不由自主做了国家主义的帮凶：这就叫一叶障目，不见泰山罢。

小波敬上

三十四

晓阳你好：

  仔细看了××刻薄你的文章。那人的基本想法如孔夫子所云：君子不重则不威；所以要自重。但自重是你自己的事，与别人何干，拿个虚架能吓住谁呢。就如个下流笑话里说的，一光棍与寡妇隔壁，每晚必挑之曰：光棍鸡巴一尺五，光棍鸡巴一尺五。一日寡妇应之曰：光棍鸡巴一尺五，弯过来往自家眼里杵；光棍大惭——下乡时我去打水坝，和一帮老乡住了半年，此类笑话知道一火车，这都是人民的智慧。罗素有《权力论》，论及有"国王的权力""僧侣的权力"种种。国王权力根基是动粗，僧侣的权力就是拿搗加胡扯。跑到海外还要拿搗，真是没意思。托尔斯泰出走的原因是夫妇吵架，他老婆看他日记，这又何神圣之有。俄罗斯人不安，有点不知肉麻为何物。××特别地说到此事，可能这就是他一生的追求——活到八十岁，和老婆吵一架，run away，让全中国的人为他不安——这想法何其毒也。俗话说得好，不怕贼偷，就怕贼惦记。身为一个中国人，被人这么惦记上，我倒是有点不安了。

  我最讨厌托尔斯泰，活那么大岁数，恬不知耻地喋喋不休。孔夫子说：老而不死是为贼，说的就是此等人物。他总算是死了，也不是贼了。这等自封的东正教大牧正，乃是自由派的死敌。罗素说，近代以来，科学建立了一种理性的权威，这实际上不是种真正的权威。你不必因我是谁而相信,因为我说的一切都可以用纸笔、实验室来验证。原话记不清了,大意如此。××之流的小作家误了近代科学这一课,所以满脑子全是自重自威,内心深处的神圣云云,说出来不知肉麻;还以为可以让我辈感而涕下,孰不知咱们背上起了三层鸡皮疙瘩。孟夫子与人辩,最拿手的一招就是:我说一件让我极感动的事,谅你听了也极感动——所谓推己可以及人罢。孰不知是傻逼们自说自话,你理他们干吗。××是谁?我认识吗?

小波敬上

三十五

晓阳你好:

你在时想找《雪白血红》,找反了也找不到。现在忽然找到了,只是没法子寄给你。等你下回回来再拿吧。

看了××刻薄你的文章,觉得小作家嘴脸难看。这两天常照镜子,看自己怎么样。夫子曰,人之患在好为人师。……以我之见,作家也是种专业人才,靠想象和描写能力挣饭吃。要让人仰之若神明,这两下子差远了。就说罗马教皇罢,一生不近女色,无私无惧,信仰虔诚,学识渊博,那样子的人当神来敬,咱们看着还勉强些。托尔斯泰又算个啥。把虔敬奉献给神,无论他有没有罢,他总当得起。奉献给人算怎么回事呢?前些时给《三联生活》写文章,提起早年看过一本荒唐书:清末有个洋鬼子来中国,看到中国人拿敬神的礼节来敬人,看得他心花怒放——什么下跪、磕头、打屁股,他无一不喜欢。[①] 那人是个虐待狂。除了虐待狂和受虐狂,谁看了这种事都肉麻。根据我的研究,内心的虔敬是种未曾得到满足的受虐狂想,谁要有这种毛病不妨请老婆把自己绑上。

我老婆在英国乱看书,看到有人提出一个指标 P 度,是对 S/M 的感悟。中国人的 P 度很高,但都没用在正处。

小波敬上

三十六

晓阳你好:

我收你的 E-mail 不需加钱,我入网是每月有一个底数,六小时,节假日及夜间二小时算一小时,收发 E-mail 都算,但收发 E-mail 所用时间甚少。何况我现在用 Netscape 收你的 E-mail,比原来的软件快。这些东西看着满有意思的。毕竟在美待了四年。

---

① 即《洋鬼子与辜鸿铭》,收录于北京十月文艺出版社 2021 年版《一只特立独行的猪》。

罗素的《权力论》我手上有。其他书看看罢。我说那些义和团的事是从《庚子事变演义》上看的,《庚子事变演义》又是从社科院早年编的一本史料集里看的——题目好像叫作"庚子事件资料汇编"一类。整个一个集子除几首竹枝词,就是演义有趣,似是目击者所作,与寻常演义不同。神着呢,什么八国联军禁止随地小便,憋得中国人眼蓝——北京的公共厕所可能始于庚子年间,以前就是随地开风。现在北京民工多了,屎尿亦多,……还说联军在廊坊开了"绿气炮",未知真假。说大师兄叫人上,机枪一响倒下一片,说是睡了,一会儿还能起来。再叫人上就都不肯,说是现在不困不想睡。电影《清宫秘史》里的请神词,整个是从演义里抄的,什么"天灵灵地灵灵,奉请祖师来显灵,一请唐僧猪八戒,二请沙僧孙悟空……"要打仗请唐僧,不知有什么用。你可问哈佛图书馆。

我在你发来的文件里没找着××的文章,可能找得不细。金色自由号赦免后,美国政策有何变化?我搞了一个驾照,下步准备弄辆吉普车,到京郊找片荒山承包下来,就算养老罢。

P 值不是统计,仿佛是色情度。S/M 是 sadist/masochist,施虐与受虐。

小波敬上

三十七

晓阳你好：

那本洋鬼子在中国的游历的书，书名记不得了，当然是英文的，意思仿佛是叫一个洋鬼子在中国的隐秘生活。极其荒唐古怪，我是在匹大图书馆的禁书部看的。该人是个 sadist，说中国的一切礼仪都使他发狂。书里有张照片，是在上海附近一个衙门里照的。这家伙花了大价钱，坐了一回堂，打了一个妓女的屁股。

小波敬上

三十八

晓阳你好：

昨天没收到 message，估计没有上班。生日快乐！我也快过生日了，但不快乐。过一年少一年。

未知你是否找到了《庚子事变演义》。那书里说到八国联军就要打到北京时，虽然兵荒马乱，北京市面居然很繁荣。原因是老佛爷经常一道旨意，大票的银子就赏了下来。老团新团，把天坛地坛一切空地通通占住，连紫禁城边上也住得满满当当。大家大锅饭管够，吃得顺嘴流油。至于打西交民巷、打西什库，哪个傻子认真去干，在城里杀人越货，有司绝不敢管。

后来八国联军顺运河打来，人也没几个，先夺右安门，又下朝阳门，然后顺城墙发展（倘若下来没什么把握，全军不过二万，下到城里和没有一样），兜了一大圈快到德胜门了，城里还不知道，大家还在胡吃闷睡哩。老佛爷和皇上只慢一步就要被抓活的。后来团民全被闷在城里，跑掉的不多——这下子可替太后解决大问题了。倘联军不至，连清王朝都要完蛋。《老残游记》里说，北拳南革总是中国之灾难，说得有些道理。还说倘天下亡于北拳，就如被冷拳打死，完得快当。若亡于南革，就如生杨梅大疮，要慢慢烂死。……

小波敬上

三十九

晓阳你好：

听说美国公布了新移民法，我也挺关心，因我有个外甥在念清华大学，毕业后肯定要到美找出路。我大姐公派去美，现在想留，未知有无办法。你如有什么消息可通知我。

早两年搞人口经济学的贝克尔得到诺贝尔奖，理论我当然无暇细心研究，但看他几篇论文，隐隐有含有一种思想，人权非天授,是人授的。盖一对夫妇,在儿女出世之前为它细心考虑生存的前景方才生出,是儿理当拥有人权。倘未经这种考虑即出生者,就如自然繁育的生物一般,就不合拥有人权——贝没说这话,是我推导出的。他根本不讨论欧美外的人口问题。比如澳大利亚闹兔子,无论你对兔子如何尊重,也不能假设它有兔权,因自然繁育本身就包含了死于同类竞争的因素。在人口问题上有两个论域,马尔萨斯论域和贝克尔论域,生在贝克尔论域,比如欧美,就有人权,生于马尔萨斯论域,比如印度就无人权——你看有无道理?你们硕硕生在贝克尔论域,当然有人权。……如此立论,和海外民运诸公颇似,一面大讲民主自由,一面说中国人素质低。

小波敬上

四十

晓阳:

　　李悦回来了,我还没见到。听说这几个月是在香港。这回回来,要久住了。学生物的痛恨进化论,原因有二:一者生物学用分析方法,进化论是归纳法,方法有异;二者大家都拿生物现象说事,搞得不胜其烦。以后别拿生物说事了,讲讲下流笑话好了。

　　阿城的文风我不喜欢,他的文章是用官话写的。我有一老版本《儒林外史》，上有钱玄同作的序，说此书可作国文课本，大贬《红楼梦》，说京白俗不可耐。又贬《水浒》，说是说书的耍嘴皮，不类人言。说来说去是《儒林》好，官话作底，可谓儒雅。钱玄同这厮是安徽人，徽商在官场上混，可知爱听官话。张爱玲也有类似的见解，只是推崇苏白。拿苏白写些文章，可惜没人看。漂亮女人讲苏白好听，写出来就不行。国内也有用官话写文章的，×××近作就是官话，看不出好处来。

虽都是白话文一类，细辨有区别。我讨厌官话，因为语言影响思维方式，官话写出的东西必冬烘。成年男子彼此用官话，显得老练些，其实不过是些虚架子。

小波敬上

四十一

晓阳你好：

×××等反对社会达尔文主义，原因在于历史唯物主义乃社会达尔文主义一变种也。罗素晚年著有《西方的智慧》，除缩写《西方哲学史》外，也对社会伦理问题做了重新思考，语及马哲和达尔文主义的渊源，说前者从进化一说里引申出某个前进运动奉为神灵——当然，这个运动的前景全是马克思编出来的。……在《西方哲学史》里，罗素对始于拜伦止于尼采的浪漫主义做了猛烈的批判，在《西方的智慧》里他把这些话全部收回，还承认尼采是个伟大的文学家——当然不承认尼采是哲学家。此书想必你也看过的。

在社会科学的思想中，一直有相对主义与进化主义之分。所谓后现代等等，依我之见都属相对主义，总之强调不同文化、价值观、社会制度、艺术流派等等，都无横向可比性；这路理论甚新潮。海外新左乃至新儒家都用这个工具，说明中国的制度文化在世界之林中无可非议之处。×××的书我没看，但我想象他必是在说：所谓社会进步，简直屁球子不是。此种情形也能把人气乐了。我的看法是：既然我不以天下为己任，此种混乱当非我之罪。唯有关×××是不对的，有眼睛的都该看得见。另外，一切泛泛而言的大主义，也就是个玩艺，不能太当真。

小波敬上

四十二

晓阳你好：

我正在出一本杂文集，名为《沉默的大多数》。大体意思是说：自从我辈成人以来，所见到的一切全是颠倒着的。在一个喧嚣的话语圈下面,始终有个沉默的大多数。既然精神原子弹在一颗又一颗地炸着,哪里有我们说话的份?但我辈现在开始说话,以前说过的一切和我们都无关系——总而言之,是个一刀两断的意思。千里之行始于足下,就从我辈开始。是不是太狂了?

小波敬上

致许倬云

许倬云老师：

您好！小强来信提到拙作参加征文的事，遵嘱将简历等寄上。因为不爱照相，手头只有小相片，不知能用否。简历是简体字写的，因是从小到大写简体，一时勉强写繁体，千难万难。

我们回来转眼三年。其间琐事很多，又遇到了一些叫人难过的事，所以只写此一篇。记得您说过，小说里写性要慎重，的确金玉良言。写性有媚俗的嫌疑。此篇写性极多，心下不安。但生活就是如此，又何须掩饰？我们虽然过得不很好，也是一样一步步走过来，直到今日。对于我来说，再没有比这更值得珍惜的事了。

我们回到大陆，续上了生活的线索，反而觉得在美四年浑如南柯一梦。总之一切后果，都是前因所定，自身也被纠缠之中。银河总劝我努力写点东西，但是心不定写不好。

听说您秋天要到大陆来。我们二人期待能亲聆教诲的时刻。

学生 王小波
6.17

致赵洁平

赵洁平同志：

先把修改好的作者简介和内容简介寄上。[①]《我的阴阳两界》也已遵嘱改好，银河出差，到周末回来，如不急，下星期可以把磁盘带去；我也可去送一趟。

王小波敬上　5月23日

作者简介：

王小波，男，一九五二年五月生，北京人。一九六八年中学毕业后，到云南插队，后来做过工人、民办教师，一九七八年入中国人民大学读本科，毕业后在大学任教。一九八四年到美国匹兹堡大学读研究生，获硕士学位后，一九八八年回到北京。现为自由撰稿人。

介绍这本书：

[①] 即《黄金时代》的相关信息，彼时赵洁平为华夏出版社编辑，该书于1994年9月出版。

罗素先生在他的《西方的智慧》一书里曾经引述了这样一句话：一本大书就是一个灾难！我同意这句话，但我认为，书不管大小，都可以成为灾难，并且主要是作者和编辑的灾难。联系到这本书出版的过程，我认为人必须有坚定不移的决心和不屈不挠的精神，并且始终要以积极的态度看待生活。本书得以和读者见面，全是因为上述优秀品质。

本书包括了一个中篇系列（说是一部长篇也未尝不可）——《黄金时代》《三十而立》《似水流年》——其中《黄金时代》曾获台湾《联合报》第十三届中篇小说奖；一个长中篇《革命时期的爱情》；一个中篇《我的阴阳两界》。每篇小说的主人公都叫王二。细心的读者当然能够发现，这并不说明所有小说的人物都是同一个人。这个名字不过是个符号而已。这些小说被收到一本书里，是因为它们有共同的主题，就是我们的生活。作者认为，这样的生活并无值得炫耀之处，但是因为我们是这样地活着，所以，对我们来说，也没有什么更值得宝贵的东西了。

本书得以面世，多亏了不屈不挠的意志和积极的生活态度。必须说明，这些优秀品质并非作者所有。鉴于出版这本书比写出这本书要困难得多，所以假如本书有些可取之处，应当归功于所有帮助出版和发行它的朋友们。

致陈少平

少平兄：

来信收到。我的书大约明年上半年可以出，届时必有仰仗我兄大力处。

来信中说起在中国搞艺术也是靠天吃饭，相信如此。好在我回国后还可以干个别个事儿，不愁衣食。另外我对艺术执这种态度，不期望从中谋什么利益，只抱一种试验的态度：不计较环境利益，只看自己能写出什么东西来。如此一看，觉得尚有很长的路要走。

我相信自己执有的审美观点与书上流行的观点不大一样，相信兄也如此。似乎没有必要为别人的愚蠢而震惊愤怒或欢欣鼓舞，那是他们的事。况且艺术本身也是可以不被环境左右的。如唐人有传奇传世，当时印刷术尚未流行，只靠传抄。俄人陀思妥耶夫斯基几乎被人吊起来风干。所以我相信眼前就是罗得岛，马上就要开始跳跃。出得出不得先不考虑，写得好已经很不容易了。此种观点想必兄能够同意。

多年前曾与兄在我家的寒窑做彻夜长谈，谈及艺术与形式一事。去年弟曾去欧洲一游，去看了很多画廊，常思兄如在此处，必有大欢喜过于弟者。尝于伦敦皇家画廊见莫奈画的花园景色，金光灿烂，凸出画面丈余。遥想莫奈当年乘兴挥毫，必不知敬畏上帝，取悦世人，只是要把心中感受做一表达。后又至比利时皇家现代画廊，见前辈大师与后来者之作品并陈，感触良多。先至者备尝寻求表达自己之痛苦，后来者乘乱起哄架秧子。愚弟自信对现代艺术的真谛，已知其中之味矣。盖道德非艺术，摹仿亦非艺术。艺术只是人的感受与不同的表达方式。故而艺术需要一种伟大的真诚，为中国人所缺少者。

在美多年，反思中国人与其之不同，才发现中国人之特点，在于对任何事都缺乏一点诚心。遥想希腊人当年做几何证明，并不想从中得到任何利益，只有一种至诚的求知之心。而近世科学的发展，亦来自不求功利只求知道的一帮痴心之呆鸟。于是我想到艺术家亦呆鸟也，此辈对于感觉之纯粹、表现之完美，苦心孤诣，所为何事？简直是发疯。

我发现中国的文人，乃是全世界罕见最虚伪的自大狂。口头上自称后生小子，而无不以宇宙的中心自居。无论作文作画，只是给出自己伟大的现世证明。或者在自己道德崇高上给出证明，或者在自己清高上给出证明，或于自己谙熟别人不懂的东西上给出证明。其实一切证明都无须有，因为每个人都已自以为生而伟大啦。

愚弟云：艺术永恒，只是说打算在此领域中做到自己想做的事，不敢有什么非分之想也。大汉奸汪兆铭有诗云：引刀成一快，不负少年头。汉奸尚如是，何况常人也。人已过三望四，去日无多，马上着手做事已来不及，岂敢继续袖手高歌。名利亦吾所望者，愿以大脑另一半考虑之。

在此看些闲书，曾见 *Playboy* 的主编写一本采访趣事，述及加州一伙人开办学习班，教人如何谦卑。总共就教一句话：你们大家都是 asshole（屁眼儿）。因为你越不承认是 asshole 就越是 asshole，不如承认了好。我亦有一很 asshole 之想法，有朝一日写完很多书，出不出且另论，反正写出来了，而且自信写得极好，岂不可以兴高采烈，强似眼下没得吹也。相信高更梵高等 asshole 行将就木之时亦是如此想。因为书好不好与画好不好，乃是有千真万确的标准的，我对此已有极大的信心。但是书写得好与画画得好，不一定能捞到油水。要捞油水尚要另一套功夫。以弟之见当然要两全其美。于前者要尽力争取，后者当然也不死心，只可惜希望渺茫也。

听郑英良兄说，我兄近日卖画多有所得，大有两全之势，真可喜可贺也。

问候尊夫人。山妻一并问候。

小波　12/18

致艾晓明

一

晓明，你好！

来信收到了。

我经过一番努力，总算把《2015》改好了，改成了三万来字一个中篇。这个小说的前身就是我有关"数盲"的故事。写东西从来也没有这么费劲。最近这一年多，对我来说像是一场噩梦。

维纳曾说，艺术家、科学家与棋手不同，棋手的成败取决于在一局中有无败着，也就是说，他的成就取决于他的最坏状态。艺术家是反棋手，一切取决于他的最好状态。其实不用维纳说，我们也是这样看待自己：我们是休眠中的火山、是冬眠的眼镜蛇，或者说，是一颗定时炸弹，等待自己的最好时机。也许这个最好时机还没有到来，所以只好继续等待着。在此之前，万万不可把自己看轻了。但我现在开始怀疑自己还有没有更好的时机。不管怎样，也要拼命地写。结果是患了痔疮。所以，不久的将来，我也要允许自己休眠一个时期了。

不知你还要在香港待多久。那地方很富足，但文化气氛不太好。假如有了一块自由的飞地，人们总要利用这机会来赚钱，这就是文化人所不解的事情。我想象有个地方古树参天，绿草如茵，人们穿着羊毛袍子，手持铁笔和蜡板，悠闲地走来走去。小时候我哥哥给我讲过一个故事，说是有一个古希腊哲人去看朋友，朋友不在家，就讨块涂蜡木板，随手挥洒，画了一条曲线，告诉主人他来过了。那位朋友回家时，见到这块木板，为曲线的美所震惊，急忙怀揣木板，埋伏在第一个希腊人家附近，等他出了门，才走进他家里，留下一块特意画好的木板……这个故事再讲下去就没有意思了：当然，第一位希腊人回家后，看到客人留下的图板，又画出了最美的曲线。我猜这个故事是我哥哥信口胡编的。但我当时信以为真。人在小的时候，容易把各种故事信以为真。时至今日，我还以为，人有闲暇，去想象一点世上没有的东西，是很好的。

银河不久去香港，到时候让她把稿子带去吧。

小波敬上　7月24日

二

晓明，你好！

来信收到了。我手头所有昆德拉的书都被一个女同性恋弄走了,所以对昆德拉无法发表意见。不过我觉得他似乎不是个拥有无穷写作源泉的人。口诛笔伐地用理念来反对平庸,并不是有效的反对方法。一个小说的作者,似乎该用作品的丰富多彩、惊世骇俗来反对平庸。很直露地把这种不满写出来没有力量。

我当然以为平庸无所不在,是一种世界性的现象。但你该想出点不平庸的事来说说,不能总说:我反对。所谓临渊羡鱼,不如退而结网,就是这个道理。艺术里总得有点"运用之妙存乎一心"的东西,不只是正确的方法和态度。当然,假如你说昆德拉的书不是小说是哲学,我倒看不出什么不足之处,但恐怕真正的哲学家就会起而攻击,嫌他不够严肃了。

我很喜欢昆氏能把人性的不足玩乎于指掌之上,但我以为,作为真正的小说家他有些不足。真正的小说家把写作看作一种极端体验,用这种体验来构造世界。用福科的话来说:通过写作来改变自我。昆氏写小说的态度,多少有点玩一把的意思,就如钱锺书写《围城》那个样子。这种态度是我不喜欢的。诚然,作者怎样写,不是我们该关心的事。但一部作品是一种改变自我的认真尝试,还是玩一把,这是可以看出来的——这一点实在是太重要了。当然,福科的话总是太过惊世骇俗。我有一种比较中庸的说法:写一部小说,或是作者操作了一些什么,或是作者自身被操作了一番;我赞成的是后一种。我以为像卡夫卡、卡尔维诺这样的作家,都是后一种。通俗作家都是前一种。我觉得昆德拉有点通俗作家的作风，但愿不会得罪你。

…………

在我们这里，假如谁要奉献一点可观的东西，就需要冷静而睿智，同时在内心深处彻头彻尾地疯狂。这可不那么容易。

…………

小波敬上　9月1日

三

晓明，你好！

谢谢你惠我两本书。你要的书我明天寄去。近来我事情多，经常不在家，把这事耽搁下了。

昆德拉论小说的书还是满好看的。不过我有一种看法——与其坐而论道，不如率性而行。何况小说不是一种道，而是一种浪漫的工作。总的来说，他说得都对。但艺术不是一种社会伦理，无需人们的共识，只需要欣赏者的如醉如痴。总的来说，他还是偏哲学多，偏艺术少。

我以为艺术是有真谛的，但这样论来论去，永远论不到；因为这种真谛和人的灵魂有一种直接的接触。作品最能够使人明白，这应该是显而易见的。由此又想到在什么地方看到张承志的杂文，大谈人文精神的回归之类,我觉得说得全都不对。人文精神是人文的工作造出来的,实际上是一个比较的概念。在人文的作品和不人文的作品的比较之中,才能找到人文精神;抽象出来不大像话。先正名后做事,这是程序上的错误。近来王朔骂张承志媚俗,骂得有道理。所谓媚俗,无非是忘不了要做青春偶像、群众领袖。当然王朔也没找到人文精神,不过比别人更接近正确。因为他毕竟写了些作品。福科说要"通过写作来改变自我"。只有工作起来,才知道什么对,什么不对。我正想戒掉写杂文的恶习,但一时还办不到。

回过头来说昆德拉的书,我觉得这是我所看到的文论里最"直露"的一本。他谈到的全是小说里好的地方,看起来就特别的扎眼。至于看那些小说就不感到直露。那些小说就如美女,被昆德拉带到奴隶市场上,暴露出私处。我觉得太过刺激了。总而言之,他有一种面对众人说话的调子,我不大适应。归根结底,品位之类的事,是私人的事,暗地里打个赌,赌人同此心——这样我比较能接受。所以我肯定当不了评论家。

上次给你往香港写了一封信;讨论反 sentimental 的问题。依鄙人之见,sentimental 的可厌之处,是在旧有事物和情绪中的自我陶醉。反对它的,不是理念,而是一种全面通向未知的探索精神。现有一切美好的事物给我的启示是:它还可以更多地有。而最美好的事物则是把一件美好的东西造出来时的体验。也许这就叫作人文精神。但它不过是一种工作的热情而已。维特根斯坦死时说：告诉他们，我度过了美好的一生。此人一辈子不和人说理。所以，他所说的美好，是指离群索居时取得的成就。我用这句话来反对昆德拉。当然，是反对他作品里我不喜欢的一面。

小波敬上　10月24日

四

晓明你好：

好久没写信，未知近况如何，希望你过得好。

卡尔维诺的《未来千年备忘录》写得很好。我一直尊敬卡尔维诺，现在更加尊敬他了。书里说到文学的各种素质，这些问题我也想过。但从他的口气来看，似乎是想说，真正的作家应该兼备这些素质，在同一篇作品里，体现轻逸、迅捷、确切、易见和繁复，再加上连贯。同时做到这些，是个很了不起的目标，的确不辜负未来千年这个题目。就我个人而言，连兼备两种素质都是做不到的。假如写得繁复，就缺少了轻逸和迅捷。这就是说，小说的事业还是值得做的。但我就是提不起兴致来。

近来我过得没情没绪，还常生病。等到过了冬天，可能会出去走走。

小波敬上　12月8日

五

晓明你好：

来信收到了。谢谢你帮我联系香港的刊物。

近来生了一场大病。从现在的情况来看，好像还是活着的。

我在远郊买了一套房子，现在有两个住处。假如你有空到北京来，我可算是有条件招待你们全家了。现在正和电视台联系做个介绍书的节目，你要能来就太好了。

我还在写小说，寄去一部稿子，请指教。全文太长，这是第二部分。

预祝新年快乐。

小波敬上　12月12日

致魏心宏

心宏兄：

来信收到了。我现在仍以写小说为主业，最近写好了一个东西，寄给《人民文学》的李敬泽，准备发在他那里，后来被领导看见不答应，只好作罢。现在给了《花城》的文能。

我觉得所有的作家分成两类，一类在解释自己，另一类在另外开拓世界。前一类作家写的一切，其实是广义的个人经历，如海明威；而后一类作家主要是凭借想象力来营造一些什么，比如卡尔维诺、尤瑟纳尔等人。现我正朝后一类作家的方向发展，所以写出的东西看上去有点怪。我总觉得一个人想要把写作当作终身事业的话，总要走后一条路。当然，一个人在一生里总要写到自己，这是必须要做的事。但是只做这一件事是不行的。假如不见怪的话，就把这些古怪的小说寄去请你指教。另外，未知贵刊领导对作品有何种见解，也请来信告知。

王小波敬上　9月30日

致杨长征

长征，你好：

新年快乐。

你的诗集我快看完了，很不坏。如果挑毛病的话，我觉得似过高亢急迫，少了抑扬顿挫的变化。这种感觉可能和我年龄大些有关。

肖斯塔科维奇的回忆录我大概是十年前看的。肖的冷静颇让人吃惊。我的理解是：这和他是个有成就的音乐家有很大关系，换个作家来写这些事件，写着写着就要撒癔症。在革命时期的一片喧嚣之中，音乐家还能做他自己的事。到现在他的音乐还是音乐，可苏联作家所写下的一切都变成垃圾和让人发窘的东西了——这就是他能冷静得下来的原因。

致曲小燕

一

曲小燕，你好！

春节前收到你的来信，很高兴。听衣蔚说，她给你打了电话，还说你一切都好。

我们的情况还是老样子。银河四月份到剑桥去做访问学者，小波因为母亲没人照顾，就不去了。我们还在写书，但是心情已经没有以前好。年初时，给《光明日报》写了一篇应景文章，大谈"哀乐中年"[①]，好几个认识的老人来打听，问我们出了什么事，是得了大病还是上了黑名单。估计我们俩都在灰名单上，但这不是抑郁的主因。主因是没有快乐的理由。

我们的 PC 机还没有和 Internet 连上。本来中国有几个国内网发展得很快，现在又出了问题，谁要上 Internet，必须到有关部门

[①] 即《写给新的一年（一九九六年）》，收录于北京十月文艺出版社 2021 年版《一只特立独行的猪》。

去登记，留个案底，以备当局监控，很有一点监狱的气味。我还不想找这份麻烦，再说，通过 Chinanet 联网，每月也要交七八百的月费，我也没有这么多的钱。既然 × 反对信息时代，我们就不进这个时代罢，有什么法子。所以还是写信好了。

Take care，问候你先生。

小波 银河　3 月 19 日

二

曲小燕，你好！

七月二十四日信收到。首先祝你新婚快乐。从照片上看，你的样子很快乐。这我们就放心了。

你去念 MBA，这是很好的事，也许石彬伦会不高兴，但我以为，最重要的一点是：你是自由的，想学什么都可以。自由这件事，真是无与伦比的好。也许有一天你又对人类学感兴趣，那时又可再研究人类学。求学这件事，持之以恒固然好，但兴之所至就更好。我学过很多专业，所以是认真说的。

我还是老样子，主要是在写小说。给张元的本子[①]改了很多遍，

[①] 即电影文学剧本《东宫·西宫》，收录于北京十月文艺出版社 2018 年版《似水柔情》，该剧本获 1997 年"马德普拉塔国际电影节最佳编剧奖"。

改得相当好。其中有些独白，已经直追哈姆雷特不朽之独白，但他还来找我改。诚然，我和威廉·莎士比亚还有一点微不足道的距离，但也不是轻易能赶上的。现在我很烦这件事，和他的关系相当紧张。至于他何时开拍，我也不去打听。

　　七月初去了一次北大，把书款取了回来。《黄金时代》已经卖得差不多了。至于姜文的小伙计，我还没找到他。

　　…………

　　NGO 大概还可如期召开。银河在其中主持一个论坛。但是世妇会在北京已不是头等的话题了。你可能已经知道，北京市副市长王宝森自杀了。人们说，他有无数情妇和别墅。北京的小伙子打光棍、闹房荒，都是他们搞出来的。

　　问候你先生。

小波、银河敬上
8 月 8 日

致刘怀昭

怀昭同志：

来信收到。谢谢你寄来的剪报。

我不大喜欢"学以致用"这个说法，觉得有点冬烘。当年欧几里德的学生问他：几何学能带来什么好处？欧几里德就叫人给他一块钱，打发他走路。这个例子就像知识分子和一般人的关系，前者有些高深的想法，后者正在慢慢地体会之中。假如你相信智慧是好的，就应该从善如流，不该反过来问智慧有何用处。知识分子比较聪明，不是知识分子的人则比较笨，这该是不争的事实。假如连这一点都有了问题，那么辩也无益。知识分子拥有智慧，故而为人所敬，这个情况比较好；倘若到了掰手指来算自己有何用处的地步，那就叫四两棉花，不弹（谈）也罢。

至于说学问有"器物之用""制度之用"，乃至"无用为大"等等，也是很古怪的说法。一般来说，理论物理没啥大用处。如此说来，大家尊敬爱因斯坦，就是敬他"无用为大"了。可能人文学者是这么想，但我不这么看。全世界学了点理科的人都知道他有些惊人的想法，故而双挑大指。这就是说，智慧本身就是尺度。有了种种学问之后，一个聪明人的结论是：人有了智慧才能有出息。倘若一一去算某个学问有什么用，那还是没开窍。

　　当然，现在到了大家考虑自己所治之学有无前途的时候了。我的意见是，假如此门学问里真的包含了智慧，想着有意思，那无论如何也要弄下去——我不信会饿死。假如这个学科本身毫无智慧，尽在那里扯淡，就不如早散。我这些想法十足西化，而且好像都已写过了，所以不想再写什么。

　　我的小说还没人要译。近来还在写小说。这期《花城》有一篇，毒汁四溅。

王小波敬上　6月23日

致沈昌文

昌文先生：

　　来信收到。听说先生退休，不胜惋惜。我们夫妇素来麻木不仁，听到这个消息也惊诧不已。此事若出在前两年，中国的文化事业就要全军覆没；现在出这样的事，损失小了一些，对读者、对作者，总算是不幸中的大幸。先生离开了《读书》，一定还要做文化上的事。现在多少真正的老先生都在忙着。以先生的身手，一定可以大有可为。

　　新春在即，恭贺新喜。

王小波 李银河敬上
96 年 2 月 17 日

致高王凌

高王凌：

看了你在《知识分子》上发的文章，觉得很有启发。

我相信你的观点可以概括如下：

一、在传统社会中的中国经济是一种为大多数人求温饱的存活经济。从它与环境、生产方式、思想文化的适应等方面来看，这种经济是相当成熟而且完备的。

二、存活经济的生命力。如你指出，清代的经济不存在穷途末路的问题。在人口的压力下（或曰生存的压力下），这种经济也能继续变革，以延长其寿命。

三、存活经济内产生的异己力量遭到政治权力的扼杀，如对工商业限制等。

这些观点我都是同意的。有一些现象可以作为佐证：

一、马克思说，资本是胆大包天的东西，而在传统社会中国工商业者手中，资本是胆小如鼠的东西。北京城里百年字号很多，要是在美国，百年字号一定会大得不得了，中国商人一般没有把生意做大的胆子。可见传统工商业的味道和资本主义工商业不一样，要放到存活经济的背景下解释。

二、积累。在中国积累不可能转变为资本，因为都是生活资料的储备（如你所言）。

三、回到第一个问题，在中国人一般不敢把生意越做越大，但是敢把地越买越多。买地和存粮食还是一个味道。

但是如果我全盘同意你的观点，就不会写这封信了。因为我不是搞历史的，对历史提出的问题全不是关于历史本身，而是价值判断。

一、存活经济照我看来是很恐怖的现象。在中国历史上，一切政治危机要么很无聊（立太子册王妃之类），要么很要命。……换言之，存活经济不能感到任何问题的存在，一旦遇到问题就是活不活的问题。你是不是觉得很糟糕？

二、对付不了外族侵略。

三、我们还是把存活经济看成存活文明比较妥当。在我看来，这个文明给绝大多数的人的只有一个生存机会，别的一概没有，未免太少了。从历史上看，其他文明在中世纪连生存机会都不是普遍提供的，比较起来劣于我们的文明。在近代之后，我们文明的恶劣之处就明显了。我这种批评是基于人文主义立场，与历史无关。

总而言之，我的疑难都不是对你的研究本身提出的，对于你的研究我执赞美态度——当然是外行人的赞美态度。我的问题是这样的：对传统的继承问题早已超出历史的范畴，而成为知识界普遍关心的问题。而当我们做价值判断时，需要一种超出专业的立场，与方法论无关的立场，在这方面我想咱们是一致的。那就是放眼未来之时，对于后世的人们寄予美好的希望，希望他们得到更多的生存与发展的机会。

所以我的态度是：同意你对存活文明的描述，不同意你对存活文明的评价。从方法上看，今日做事的人或不应该把传统与现代分割；从立场上来看，此种分割必不可少。经济学者应对现代中国的存活经济背景有一深刻了解，而一般的文人则应对社会中弥漫的"存活意识"，以滚水烫猪毛的气概，狠狠烫它一烫。

此种议论无非是胡扯八道而已，以博我兄之一笑。

王小波
11 月 10 日

致柯云路

柯云路先生，您好：

感谢你的来信，恐怕我不能如你所期望的那样，支持你的那种探索，而且这种态度毫无动摇的迹象。不过我也乐意和你做一番认真的交谈。

如先生所言，在特异功能领域里有些江湖骗子，先生的工作与他们不同，是抱了真诚的态度。我觉得起码在一个方面先生和他们做的事是一样的，那就是否定理性的权威，反对知识的延续性。简单地说，自近代以来，科学有很大的成绩，任何人想要有所创新，总要从学习开始。比如先生要做的事，我以为应该从学习现代医学开始；跳过这一阶段是不对的。诚然，现代科学也有解决不了的问题，但若说它会被对科学一无所知的人破解，这种可能性实际上是不存在的。很多人都觉得，只要机遇凑巧，难死大师的问题会被一无所知的毛头小子解决，这是中了武侠小说的流毒。我是理科出身，对这种事知道得最多。举例来说，热力学说永动机是不可能的，但总有人以为，热力学家会出错，就去造永动机。

造永动机的害处还没有搞特异功能大，这是因为中国的文化传统造成了一种独特的心态，我以为这种心态早晚会酿成大祸，这就是我《中华读书报》上那篇文章的主题。因为编辑删了一些，就看不大明白了。

我所说的这种心态，就是相信奇迹。武侠小说里，天性鲁钝的人练成了绝世神功、生手打死老拳师，都被当成平常事来写。在书里是满好看的，实际上却不可能。相信机遇凑巧，外行对科学也可以有大贡献，也是同一类想法。这样想想倒是满好玩，但问题在于中国人就好这个，这就不好玩，还会引出天大的灾祸。以先生在文学上的博雅，当能想到《老残游记》里关于"北拳南革"的说法。所谓"北拳"，就是把宝押在吃符水、请神降体的奇迹上，结果是不行的。假如上天垂青，把翻江倒海、长命百岁的大法门特地赐给中国人，不给外国人，我也很高兴。我只是不乐意自己骗自己而已。

承蒙先生好意，告诉我一些难以解释的有趣事迹。请教先生，电视机有画面，你能解释吗？（倘觉得这问题太容易，还有难些的。）不能解释的事很多，为何脑门上能贴钢锔特别使您高兴呢？依鄙人之愚见，这是在怀疑科学的正途。我和很多真诚求知的人一样，在知识领域里，只认正牌子，不买假冒伪劣。这是我的尊严所在。因为这个缘故，我现在不能紧握你的手，但竭诚欢迎你成为我们中的一员。

在现代社会里，相信科学就是相信牢靠的一面，相信奇迹则是相信不牢靠的一面。时值今日，全体人类的生存，都靠科学技术来保障。可惜的是，多数人并不了解这些严谨、乏味的知识，是大家的幸福和安全所系；对此缺少一种慎重和敬意。而一旦老百姓不听科学的招呼，生灵涂炭的大祸就在眼前。中国人里知道柯云路、知道《新星》的人多；知道爱因斯坦和相对论的人少。我认为这是一件绝顶悲惨之事，当然，这罪不在你。不过你应该因此而慎重一些——我对您的意见就是这一点。

近来没有再写此类文章的计划。今后写到与你有关的文章，当寄一份给你。

王小波敬上
10 月 14 日

附言：

晓风先生：

给柯云路写了一封回信。人家客客气气地来信，总要客客气气答复。但我真没兴趣和他讲道理，怕白费唇舌。

小波敬上
10 月 17 日

图书在版编目（CIP）数据

爱你就像爱生命／王小波著 . ——2 版 . —— 北京：北京十月文艺出版社，2021.8（2025.6重印）
ISBN 978-7-5302-2025-2

Ⅰ.①爱… Ⅱ.①王… Ⅲ.①王小波（1952—1997）—书信集 Ⅳ.①K825.6

中国版本图书馆CIP数据核字（2020）第015769号

爱你就像爱生命
AI NI JIUXIANG AI SHENGMING
王小波 著

出　　版	北京出版集团
	北京十月文艺出版社
地　　址	北京北三环中路6号
邮　　编	100120
网　　址	www.bph.com.cn
发　　行	新经典发行有限公司
	电话 (010)68423599
经　　销	新华书店
印　　刷	山东京沪印刷科技有限公司
版　　次	2021年8月第2版
印　　次	2025年6月第19次印刷
开　　本	850毫米×1168毫米 1/32
印　　张	7
字　　数	127千字
书　　号	ISBN 978-7-5302-2025-2
定　　价	49.00元

质量监督电话 010-58572393
如有印装质量问题，由本社负责调换

版权所有，未经书面许可，不得转载、复制、翻印，违者必究。